46 Curio
de la Historia
del Arte

Dr. Eduardo Robledo Gómez

© Todos los derechos reservados por copyright.
Dr. Eduardo Robledo Gómez, 2024.

Índice

Comunidad 7

Regalo 8

Agradecimientos 9

Dedicatoria 11

Introducción 12

Curiosidad 1: El Misterio del Retrato Oculto en La Mona Lisa 14

Curiosidad 2: La Dama con el Ermine: Más que una Musa 16

Curiosidad 3: Los Secretos de los Pigmentos de La Capilla Sixtina 18

Curiosidad 4: El Enigma de Los Símbolos en La Última Cena de Da Vinci 20

Curiosidad 5: Las Capas Ocultas de Las Meninas de Velázquez 23

Curiosidad 6: El Mensaje Secreto en El Jardín de las Delicias de Bosch 26

Curiosidad 7: La Obsesión de Van Gogh con Los Girasoles 29

Curiosidad 8: El Misterio del Reloj Derretido en La Persistencia de la Memoria 32

Curiosidad 9: La Identidad Desconocida de La Joven de la Perla 35

Curiosidad 10: Los Animales Fantásticos en El Bosco 38

Curiosidad 11: El Autorretrato Secreto en Las Pinturas de Caravaggio 41

Curiosidad 12: El Misticismo en Las Obras de Hilma af Klint 44

Curiosidad 13: El Simbolismo Oculto en El Grito de Munch 47

Curiosidad 14: La Influencia de La Alquimia en Las Pinturas de Botticelli 50

Curiosidad 15: Los Mensajes Cifrados en Las Obras de Rembrandt 53

Curiosidad 16: La Ciencia y Arte en Los Esquemas de Leonardo 56

Curiosidad 17: El Significado de Los Retratos de La Corte de Felipe IV 59

Curiosidad 18: La Política en Las Obras de Goya 62

Curiosidad 19: Los Mensajes Subversivos en Las Obras de Banksy 65

Curiosidad 20: El Amor y Dolor en Las Pinturas de Frida Kahlo 68

Curiosidad 21: La Simbología de La Naturaleza en Las Obras de Georgia O'Keeffe 70

Curiosidad 22: Los Detalles Ocultos en Los Frescos de Pompeya 73

Curiosidad 23: La Historia de Los Colores en Las Obras de Kandinsky 76

Curiosidad 24: El Arte de La Guerra en Las Pinturas de Uccello 79

Curiosidad 25: Los Mensajes Ocultos en El Arte del Renacimiento 82

Curiosidad 26: La Influencia de La Mitología en Las Obras de Rubens 85

Curiosidad 27: La Identidad Oculta en Las Figuras de Michelangelo 89

Curiosidad 28: El Código de Colores en Las Obras de Mondrian 92

Curiosidad 29: La Música en Las Pinturas de Chagall 95

Curiosidad 30: Los Secretos de Las Pinturas de La Escuela de Atenas 97

Curiosidad 31: La Historia Detrás de La Torre de Babel de Bruegel 100

Curiosidad 32: La Influencia de Los Sueños en Las Obras de Dalí 104

Curiosidad 33: El Realismo Mágico en Las Obras de Remedios Varo 107

Curiosidad 34: El Misterio de Las Meninas de Velázquez 110

Curiosidad 35: La Simbología en Las Pinturas de El Greco 113

Curiosidad 36: El Significado de Los Dragones en El Arte Chino 116

Curiosidad 37: Los Mensajes en Los Murales de Diego Rivera 119

Curiosidad 38: El Misterio de Las Pinturas Rupestres en Altamira 122

Curiosidad 39: El Enigma de Los Rostros en Las Obras de Picasso 125

Curiosidad 40: La Obra Inacabada de La Sagrada Familia de Gaudí 127

Curiosidad 41: Los Mensajes Ocultos en Las Obras de Diego Velázquez 130

Curiosidad 42: El Simbolismo en Las Obras de Miró 133

Curiosidad 43: La Historia de La Escultura de El Pensador de Rodin 136

Curiosidad 44: La Simbología en Las Obras de Sandro Botticelli 139

Curiosidad 45: La Influencia de La Filosofía en Las Obras de Goya 142

Curiosidad 46: La Influencia de La Alquimia en Las Obras de Da Vinci 145

Comunidad

Únete a la comunidad en Telegram: Es gratis y te servirá para disfrutar de novedades, descuentos y ofertas exclusivas. Puedes buscarla como todoporlalibertad, hacer clic aquí o con el siguiente QR:

Regalo

Gracias por adquirir este libro, te queremos obsequiar con otro en formato electrónico: *Los Secretos del Color*:

Agradecimientos

Este libro no habría sido posible sin el apoyo de muchas personas que, de una forma u otra, han contribuido a su creación.

En primer lugar, quiero agradecer a mi familia, por su paciencia, comprensión y ánimo constante durante todo este proceso. A ustedes, que siempre me inspiran a seguir adelante y me recuerdan la importancia de perseguir mis sueños con determinación y pasión.

A los amigos y colegas que, con sus ideas y comentarios, enriquecieron este proyecto, aportando su perspectiva y sabiduría en cada etapa. Sus consejos y sugerencias han sido invaluables, y cada conversación ha dejado una huella en estas páginas.

También quiero expresar mi gratitud a todos los maestros, historiadores del arte y educadores que han dedicado su vida a desentrañar los misterios del pasado y transmitir su conocimiento con pasión. Sin su arduo trabajo y dedicación, las maravillas del arte que compartimos en este libro seguirían siendo un misterio para muchos.

Finalmente, quiero agradecer a los lectores. A ti, que has elegido este libro para explorar el arte de una manera diferente, por tu curiosidad insaciable y tu deseo de aprender. Este viaje está dedicado a ti, porque es tu interés en el arte y la historia lo que mantiene viva la herencia cultural que compartimos.

Gracias a todos por formar parte de este proyecto.

Dedicatoria

A quienes ven el mundo con ojos curiosos, a los que buscan siempre aprender algo nuevo, a los que encuentran en el arte una forma de viajar en el tiempo y descubrir los misterios que nos conectan a lo largo de la historia.

Este libro es para los soñadores, los pequeños y grandes exploradores que saben que detrás de cada obra, cada pincelada y cada forma, hay un mundo lleno de secretos esperando ser descubierto.

A los niños, porque su imaginación no tiene límites, y a los adultos, porque nunca es tarde para ver el arte con asombro.

Que estas curiosidades despierten en todos ustedes el deseo de seguir explorando, aprendiendo y maravillándose.

Con todo mi aprecio,
Eduardo Robledo Gómez

Introducción

Antes de que te sumerjas en las páginas de este libro, déjame contarte una pequeña historia. Soy un apasionado del arte desde que tengo memoria.

De niño, me fascinaba perderme en los pasillos de los museos, imaginar las historias detrás de cada cuadro, cada escultura. Siempre sentí que el arte tenía un lenguaje propio, uno que podía conectar a personas de todas las edades y culturas, y que sus secretos estaban ahí, esperando a ser descubiertos.

Una tarde lluviosa, mientras hojeaba un viejo libro de arte en la biblioteca, me encontré con una curiosidad fascinante sobre un famoso cuadro. Esa chispa de descubrimiento me llevó a preguntar más, a investigar más, y finalmente, a escribir este libro.

Quería compartir esas historias increíbles y esos detalles ocultos que hacen que el arte sea tan mágico. Pero más que nada, quería que este libro fuera para todos: para los curiosos pequeños y los ávidos adultos, para quienes ya aman el arte y para quienes están empezando a descubrirlo.

Este libro es un proyecto divulgativo, hecho con mucho cariño, para acercarte a la historia del arte de una manera amena y divertida. Aquí no encontrarás textos complicados ni términos difíciles de entender. En cambio, te hablaré de tú a tú, como si estuviéramos charlando en un café o paseando juntos por un museo. Cada capítulo es una ventana a una curiosidad diferente, un pequeño secreto que hará que veas las obras de arte con otros ojos.

Las imágenes que encontrarás no son obras de arte originales creadas por los artistas mencionados, son diseños creados con ayuda de la Inteligencia Artificial para acompañar la lectura.

Así que ponte cómodo, abre bien los ojos y prepárate para descubrir 46 curiosidades que han dado forma a la historia del arte. Porque, al final del día, el arte es para todos, y siempre hay algo nuevo y emocionante por aprender.

Curiosidad 1: El Misterio del Retrato Oculto en La Mona Lisa

¿Sabías que debajo de la famosa sonrisa de La Mona Lisa se esconde otro retrato? Esta increíble pintura de Leonardo da Vinci, que cuelga en el Museo del Louvre en París, ha sido objeto de estudios y especulaciones durante siglos. Pero lo que muchos no saben es que hay un secreto escondido bajo las capas de pintura.

En 2006, un ingeniero francés llamado Pascal Cotte utilizó una tecnología especial de escaneo para mirar más allá de la superficie de La Mona Lisa. ¡Y qué sorpresa se llevó! Descubrió que Leonardo había pintado al menos dos versiones anteriores del retrato antes de llegar a la imagen que conocemos hoy. Una de estas versiones muestra a una mujer con una pose diferente y sin la famosa sonrisa.

Leonardo da Vinci era conocido por experimentar y perfeccionar sus técnicas, y La Mona Lisa no fue la excepción. Pasó años trabajando en este retrato, aplicando capas finas de pintura una sobre otra. Esto permitió que cada capa se secara bien, lo que resultó en los suaves degradados y la luminosidad que hacen que La Mona Lisa parezca casi real.

¿Te imaginas cuánto esfuerzo y paciencia se necesita para pintar algo tan perfecto? Además, el hecho de que hay otras versiones escondidas bajo la superficie hace que esta obra maestra sea aún más fascinante. Es como si La Mona Lisa tuviera un secreto solo para aquellos que se toman el tiempo de mirar más de cerca.

Curiosidad 2: La Dama con el Ermine: Más que una Musa

En el Renacimiento, las pinturas no eran solo retratos, sino que a menudo escondían significados profundos y símbolos secretos. Un excelente ejemplo de esto es "La Dama con el Ermine" de Leonardo da Vinci, que representa a Cecilia Gallerani, una joven de la corte de Milán.

Cecilia no era una simple musa; era una mujer inteligente y talentosa que dominaba la poesía y la música. El ermine que sostiene en sus brazos no está ahí solo por belleza. Este pequeño animal es un símbolo de pureza y moderación. En la época, se creía que el ermine preferiría morir antes que ensuciar su pelaje blanco, lo que reflejaba la nobleza y el carácter de Cecilia.

Leonardo da Vinci fue un maestro en capturar no solo la apariencia física, sino también la personalidad y el alma de sus modelos. Mirando a los ojos de Cecilia, podemos casi imaginar su vida y su mundo.

Curiosidad 3: Los Secretos de los Pigmentos de La Capilla Sixtina

La Capilla Sixtina, con su impresionante techo pintado por Michelangelo, es uno de los mayores tesoros del arte renacentista. Pero ¿alguna vez te has preguntado cómo logró Michelangelo crear esos colores tan vibrantes y duraderos? El secreto reside en los pigmentos y técnicas que utilizó.

Michelangelo trabajó en la Capilla Sixtina entre 1508 y 1512, utilizando una técnica llamada "fresco". Esta técnica consiste en aplicar pigmentos sobre yeso húmedo, lo que hace que los colores se integren químicamente con la superficie y se vuelvan extremadamente duraderos. Los pigmentos que utilizó provenían de minerales y materiales naturales. Por ejemplo, el azul ultramar se obtenía del lapislázuli, una piedra semipreciosa traída desde Afganistán. Este pigmento era tan caro como el oro y se reservaba para los detalles más importantes.

El rojo, por otro lado, se hacía a partir de cinabrio, un mineral tóxico que daba un tono intenso y profundo. Michelangelo también usaba ocres y tierras naturales para los tonos marrones y amarillos, y carbón vegetal para los negros. Estos materiales, combinados con su habilidad magistral, dieron vida a escenas bíblicas que parecen casi tridimensionales.

Pero el fresco no era fácil. Michelangelo tenía que trabajar rápidamente antes de que el yeso se secara. Esto requería una planificación meticulosa y una ejecución precisa, ya que cualquier error era difícil de corregir. Sin embargo, su maestría y dedicación resultaron en una obra que sigue asombrando a todos los que la ven.

Curiosidad 4: El Enigma de Los Símbolos en La Última Cena de Da Vinci

"La Última Cena" de Leonardo da Vinci es una de las pinturas más estudiadas y debatidas en la historia del arte. Esta obra maestra, que adorna el refectorio del convento de Santa Maria delle Grazie en Milán, captura un momento crucial en la vida de Jesús.

También está llena de símbolos y detalles enigmáticos que han intrigado a historiadores y aficionados durante siglos.

Uno de los elementos más discutidos es la posición de Judas Iscariote. A diferencia de otras representaciones de la Última Cena, donde Judas está claramente separado del resto, Leonardo lo coloca en el grupo, casi escondido, pero aún así distinguible por su postura y por el hecho de que sostiene una pequeña bolsa, probablemente de dinero, símbolo de su traición. Además, si te fijas bien, su mano parece alcanzar el mismo plato que Jesús, lo que hace referencia a las palabras de Jesús sobre su traidor.

Otro detalle fascinante es la mano que empuña un cuchillo, visible detrás de la figura de Pedro. Durante mucho tiempo, los historiadores se han preguntado de quién es esa mano. Algunos creen que es de Pedro, mientras que otros piensan que Leonardo dejó este detalle ambiguo a propósito, para añadir un elemento de misterio.

Los gestos y las expresiones de los apóstoles también están llenos de significado. Cada uno reacciona de manera diferente a las palabras de Jesús anunciando que uno de ellos lo traicionará. La dinámica de las manos y las miradas crea una narrativa visual compleja que añade profundidad emocional a la escena.

Además, hay quienes creen que Leonardo incluyó mensajes ocultos en la disposición de los apóstoles y en los elementos de la mesa. Por ejemplo, la disposición de los panes y las manos ha sido interpretada como posibles códigos musicales. Otros ven formas geométricas y patrones que podrían tener significados esotéricos o filosóficos.

La próxima vez que veas esta obra maestra, tómate un momento para observar estos detalles y piensa en los secretos que Leonardo pudo haber escondido en su pintura.

Curiosidad 5: Las Capas Ocultas de Las Meninas de Velázquez

"Las Meninas" de Diego Velázquez es una de las obras maestras más enigmáticas y complejas del Barroco. Este cuadro, que representa a la Infanta Margarita rodeada de sus damas de honor, es famoso no solo por su composición intrigante, sino también por las técnicas innovadoras y los detalles ocultos que Velázquez empleó.

Al igual que muchas pinturas de los grandes maestros, "Las Meninas" tiene capas ocultas que revelan el proceso creativo de Velázquez. Utilizando técnicas modernas como la reflectografía infrarroja, los historiadores del arte han descubierto bocetos y cambios debajo de la superficie de la pintura final. Estos estudios revelan cómo Velázquez ajustó y perfeccionó su composición, moviendo figuras y alterando poses para lograr el equilibrio y la profundidad que caracterizan la obra.

Uno de los aspectos más fascinantes es el uso del espejo en el fondo, que refleja las imágenes del rey Felipe IV y la reina Mariana de Austria. Este detalle no solo añade una dimensión de realismo, sino que también juega con la percepción del espectador, invitándonos a cuestionar qué es real y qué es reflejo.

Velázquez también utilizó técnicas avanzadas de luz y sombra para dar vida a los personajes y crear una sensación de espacio tridimensional. La luz que entra por la ventana ilumina a la Infanta Margarita, convirtiéndola en el punto focal de la pintura, mientras que las sombras cuidadosamente colocadas añaden profundidad y misterio.

Además, la posición de Velázquez dentro del cuadro, mirándonos directamente mientras pinta, rompe la cuarta pared y nos hace partícipes de la escena. Esta inclusión del propio artista sugiere una reflexión sobre el acto de pintar y el papel del artista en la corte.

Considera los detalles y las decisiones que Velázquez tomó mientras creaba esta obra maestra. Cada capa de pintura y cada cambio en la composición nos acerca un poco más al genio del artista y a la vida en la corte española del siglo XVII.

Curiosidad 6: El Mensaje Secreto en El Jardín de las Delicias de Bosch

Es una de las obras más enigmáticas y fascinantes del arte renacentista. Este tríptico, compuesto por tres paneles, muestra un mundo de fantasía lleno de detalles misteriosos, criaturas extrañas y símbolos ocultos.

La complejidad de esta obra ha intrigado a historiadores del arte y espectadores durante siglos, ya que parece contener mensajes secretos sobre la moralidad, el pecado y la naturaleza humana.

El panel central, que es quizás el más conocido, presenta un paisaje surrealista lleno de figuras desnudas que participan en diversas actividades, algunas de ellas aparentemente hedonistas. Este panel ha sido interpretado de muchas maneras, desde una celebración de la vida y la naturaleza hasta una advertencia sobre los peligros del placer sin límites.

Uno de los detalles más intrigantes es la inclusión de una serie de símbolos y figuras que parecen tener significados ocultos. Por ejemplo, hay una fruta gigante que algunos interpretan como una metáfora del deseo y la tentación. En otras partes del panel, se pueden ver extrañas criaturas híbridas que podrían simbolizar la corrupción y el caos.

En el panel derecho, que representa el infierno, Bosch muestra las consecuencias de los excesos mostrados en el panel central. Este contraste refuerza la idea de que "El Jardín de las Delicias" podría ser una advertencia sobre el destino que espera a aquellos que se entregan a la decadencia.

Además, estudios recientes han revelado que algunas de las figuras y objetos en el cuadro podrían contener mensajes codificados. Por ejemplo, un musicólogo descubrió una partitura musical escrita en las nalgas de uno de los personajes en el panel del infierno. Al tocar esta partitura, se reveló una melodía sombría, lo que sugiere que Bosch incluso integró música en sus mensajes simbólicos.

Explora los detalles y piensa en los mensajes que Bosch pudo haber ocultado dentro de su complejo y fascinante mundo visual. Cada elemento parece invitarnos a reflexionar sobre la naturaleza

Curiosidad 7: La Obsesión de Van Gogh con Los Girasoles

Vincent van Gogh, uno de los artistas más icónicos de la historia, es famoso por su serie de pinturas de girasoles. Estas obras, llenas de vibrantes amarillos y detalles expresivos, no solo capturan la belleza de las flores, sino también la intensa pasión de Van Gogh por este tema.

La fascinación de Van Gogh por los girasoles comenzó en 1888, cuando se mudó a Arles, en el sur de Francia. Allí, con la luz del sol mediterráneo, encontró la inspiración para crear algunas de sus obras más famosas. Los girasoles representaban para él no solo la belleza de la naturaleza, sino también la esperanza y la amistad. De hecho, Van Gogh pintó varios cuadros de girasoles para decorar la habitación de su amigo y colega artista, Paul Gauguin.

Lo que hace que estas pinturas sean tan especiales es la técnica única de Van Gogh. Utilizó pinceladas gruesas y texturizadas, conocidas como impasto, para dar vida a las flores. Los colores brillantes y las composiciones dinámicas reflejan su estado emocional y su deseo de capturar la esencia de los girasoles en su máximo esplendor.

Van Gogh estaba tan obsesionado con los girasoles que incluso escribió sobre ellos en sus cartas a su hermano Theo. Describía con entusiasmo cómo los pintaba y cómo estos cuadros eran una expresión de su amor por la naturaleza y la vida. Aunque enfrentó muchos desafíos personales y profesionales, su trabajo con los girasoles sigue siendo un testimonio de su dedicación y talento artístico.

Recuerda la historia detrás de estas obras y la profunda conexión que el artista tenía con su tema favorito. Los girasoles de Van Gogh son más que simples flores; son una ventana al alma de uno de los más grandes genios del arte.

Curiosidad 8: El Misterio del Reloj Derretido en La Persistencia de la Memoria

"La Persistencia de la Memoria" de Salvador Dalí es una de las pinturas más icónicas del surrealismo, famosa por sus relojes derretidos que parecen desafiar las leyes del tiempo y la realidad.

Esta obra maestra, creada en 1931, ha sido objeto de innumerables interpretaciones y sigue fascinando a los espectadores con su extraña y enigmática belleza.

Dalí describió su inspiración para los relojes derretidos como una visión que tuvo mientras miraba queso camembert derritiéndose en un día caluroso. Decidió capturar esa idea de la flexibilidad del tiempo, un concepto que se alinea perfectamente con las teorías de la relatividad de Einstein, que estaban ganando popularidad en ese momento.

El paisaje en la pintura es desolado y surrealista, con un árbol seco y una figura amorfa en el centro, que algunos interpretan como un autorretrato distorsionado de Dalí. Los relojes blandos parecen colgar y fluir sobre objetos como ramas y una mesa, simbolizando la naturaleza fluida e inestable del tiempo. En el fondo, las montañas y el mar se basan en el paisaje de Port Lligat, donde Dalí vivía.

Los relojes derretidos también pueden interpretarse como una metáfora de cómo la percepción del tiempo cambia en los sueños, donde minutos pueden parecer horas y viceversa. Esta idea está en el corazón del movimiento surrealista, que buscaba explorar las profundidades del subconsciente y desafiar la lógica convencional.

Además, el contraste entre los relojes blandos y el reloj firme cubierto de hormigas en el primer plano añade otra capa de significado. Las hormigas, que Dalí utilizaba a menudo para simbolizar la decadencia y la muerte, sugieren la inevitable desintegración del tiempo y la materia.

La próxima vez que mires esta obra maestra, piensa en los múltiples significados y preguntas que plantea sobre la naturaleza del tiempo y la realidad. Dalí nos invita a ver el mundo a través de una lente diferente, donde nada es lo que parece y todo es posible.

Curiosidad 9: La Identidad Desconocida de La Joven de la Perla

"La Joven de la Perla", también conocida como "La Mona Lisa del Norte", es una de las pinturas más enigmáticas y admiradas de Johannes Vermeer. Este retrato, que muestra a una joven con un turbante azul y una llamativa perla en la oreja, ha capturado la imaginación de espectadores y críticos durante siglos. Sin embargo, la identidad de la joven sigue siendo un misterio.

Pintada alrededor de 1665, "La Joven de la Perla" no es un retrato tradicional, sino un "tronie", un estudio de una cara o figura que no pretende representar a una persona específica. A lo largo de los años, se han propuesto muchas teorías sobre quién podría ser la modelo. Algunos creen que podría ser la hija mayor de Vermeer, Maria, mientras que otros sugieren que podría ser una sirvienta de la casa del pintor.

El misterio se intensifica por la falta de documentación sobre el cuadro y la vida de Vermeer en general. El artista, que vivió en Delft, Países Bajos, dejó pocas pistas sobre su proceso creativo o las personas que inspiraron sus obras. Esta falta de información ha llevado a especulaciones y leyendas, alimentando el aura de misterio que rodea a "La Joven de la Perla".

La perla en la oreja de la joven es otro elemento fascinante. Representa riqueza y estatus, pero también pureza y misterio. Vermeer era un maestro en capturar la luz y la textura, y la perla en este cuadro parece casi tangible, brillando con una suavidad que contrasta con la oscuridad del fondo.

La expresión de la joven, con su mirada directa y ligeramente distante, añade otra capa de intriga. Es como si estuviera a punto de decirnos algo, pero se queda en silencio, invitándonos a adivinar su historia.

Considera quién podría haber sido esta joven y qué historia se esconde detrás de su mirada. La belleza de "La Joven de la Perla" reside no solo en su perfección técnica, sino también en los secretos que guarda y las preguntas que nos hace formular.

Curiosidad 10: Los Animales Fantásticos en El Bosco

Hieronymus Bosch, un pintor del siglo XV, es conocido por sus obras llenas de criaturas fantásticas y surrealistas que parecen sacadas de un sueño. Sus pinturas, especialmente "El Jardín de las Delicias", están pobladas por una multitud de animales híbridos y figuras imaginativas que desafían la lógica y la realidad.

Estos animales fantásticos, con sus combinaciones de rasgos humanos y animales, reflejan las preocupaciones y creencias de la época de Bosch. Por ejemplo, en "El Jardín de las Delicias", se pueden ver aves con patas de humanos, peces gigantes voladores, y criaturas que parecen salidas de cuentos de hadas. Estos seres no solo añaden un elemento de intriga y maravilla a sus obras, sino que también sirven como símbolos de moralidad y advertencias sobre los peligros del pecado y la decadencia.

Bosch era un maestro en crear mundos visuales que cautivan la imaginación. Usaba colores vivos y detalles meticulosos para dar vida a sus criaturas, cada una de las cuales parecía tener su propia historia y propósito dentro del cuadro. Algunos estudiosos creen que estos animales representaban los vicios y virtudes humanas, mientras que otros piensan que Bosch simplemente disfrutaba explorando los límites de la creatividad artística.

Una de las criaturas más fascinantes es el "hombre-árbol" que aparece en "El Jardín de las Delicias". Este ser tiene el tronco de un árbol, piernas humanas, y una cabeza que parece estar llena de vida y sabiduría. También hay figuras que combinan partes de diferentes animales, como un pez con alas de pájaro o un pájaro con cabeza de perro, lo que crea un sentido de maravilla y curiosidad sobre el mundo natural y sobrenatural.

La próxima vez que observes las obras de Bosch, tómate un momento para perderte en los detalles de sus criaturas fantásticas. Cada uno de estos seres es una ventana a la mente de un artista que no tenía miedo de explorar lo desconocido y de desafiar las convenciones de su tiempo. Las pinturas de Bosch nos invitan a imaginar un mundo donde todo es posible y donde la realidad y la fantasía se entrelazan de formas sorprendentes.

Curiosidad 11: El Autorretrato Secreto en Las Pinturas de Caravaggio

Michelangelo Merisi da Caravaggio, conocido simplemente como Caravaggio, fue un maestro del Barroco famoso por su uso dramático del claroscuro y su habilidad para capturar escenas realistas llenas de emoción y tensión.

Lo que muchos no saben es que Caravaggio a menudo se incluía a sí mismo en sus obras, escondiendo autorretratos entre los personajes de sus escenas.

Uno de los ejemplos más conocidos de estos autorretratos ocultos se encuentra en su obra "David con la Cabeza de Goliat". En esta pintura, Caravaggio representa la victoria de David sobre Goliat, pero lo interesante es que la cabeza decapitada de Goliat es en realidad un autorretrato de Caravaggio. Este detalle añade una capa de complejidad emocional y personal a la obra, sugiriendo una lucha interna y un sentimiento de culpa o castigo.

Otro autorretrato escondido se puede encontrar en "El Martirio de San Mateo". En esta obra, Caravaggio se pintó a sí mismo en la multitud, observando la escena con una expresión de asombro y horror. Este autorretrato no solo demuestra su habilidad para incluirse discretamente en sus obras, sino que también revela su conexión personal con los eventos que representaba.

La inclusión de autorretratos en sus obras podría haber sido una forma para Caravaggio de dejar su marca personal y afirmar su presencia en un mundo que a menudo era violento y caótico. Sus autorretratos son un testimonio de su habilidad para entrelazar su vida y sus emociones con su arte, creando obras que son tanto personales como universales.

Busca las pistas y detalles que podrían revelar la presencia oculta del artista. Estos autorretratos secretos añaden una capa adicional de profundidad y significado a sus obras, recordándonos que, detrás de cada cuadro, hay una historia personal y una conexión íntima con el creador.

Curiosidad 12: El Misticismo en Las Obras de Hilma af Klint

Hilma af Klint, una artista sueca del siglo XX, es conocida por sus obras abstractas y místicas que exploran temas espirituales y filosóficos. Mucho antes de que el arte abstracto se convirtiera en una corriente dominante, Hilma af Klint estaba creando pinturas vibrantes y complejas, inspiradas por su interés en la teosofía y el espiritualismo.

Af Klint creía que su arte era guiado por fuerzas espirituales. Ella formaba parte de un grupo llamado "Las Cinco", que practicaba sesiones espiritistas y creía en la comunicación con seres del más allá. Estas experiencias influyeron profundamente en su obra, que está llena de símbolos, formas geométricas y colores vivos que buscaban representar el mundo espiritual y las conexiones invisibles entre todas las cosas.

Sus pinturas a menudo presentan espirales, círculos y mandalas, que simbolizan la unidad y la eternidad. Utilizaba colores brillantes para transmitir energía y vibración, creando composiciones que parecen estar en constante movimiento. Cada obra es una exploración de los misterios del universo y una invitación a contemplar lo invisible.

Hilma af Klint dejó instrucciones para que sus obras no fueran exhibidas hasta 20 años después de su muerte, creyendo que el mundo no estaba listo para comprender su arte. Hoy en día, sus pinturas son reconocidas como pioneras del arte abstracto y ofrecen una visión única y profunda de la intersección entre el arte y la espiritualidad.

La próxima vez que veas una obra de Hilma af Klint, tómate un momento para reflexionar sobre los significados ocultos y la energía espiritual que intentó capturar. Sus pinturas son más que simples imágenes; son puertas a un mundo de pensamiento místico y trascendencia.

¿Te gustaría que ajustáramos la solicitud para la imagen de alguna manera en particular?

Curiosidad 13: El Simbolismo Oculto en El Grito de Munch

"El Grito" de Edvard Munch es una de las pinturas más icónicas y reconocibles del arte moderno. Pintada en 1893, esta obra captura un momento de intensa emoción y desesperación. Sin embargo, más allá de la figura central y su expresión de angustia, hay varios elementos simbólicos ocultos que añaden profundidad y significado a la pintura.

El cielo ondulante y vibrante, con sus tonos rojos y naranjas, no es solo un fondo dramático. Algunos estudiosos creen que Munch fue influenciado por un fenómeno atmosférico real: la erupción del volcán Krakatoa en 1883, que causó puestas de sol espectaculares y coloridas en todo el mundo durante varios años. Este cielo ardiente puede simbolizar el caos y la turbulencia interna del artista.

La figura central, con su cara enmascarada y la boca abierta en un grito silencioso, representa una profunda ansiedad existencial. Munch escribió en su diario que la idea para "El Grito" vino de una experiencia personal mientras caminaba con amigos. Sintió un "grito infinito pasando a través de la naturaleza" y quedó abrumado por una sensación de terror y desesperación. Esta figura puede simbolizar el aislamiento y la vulnerabilidad humana frente a las fuerzas de la naturaleza y la vida.

Las dos figuras en el fondo, a menudo pasadas por alto, añaden otra capa de significado. Representan a los amigos de Munch que continuaron caminando, ajenos a su angustia. Esto puede simbolizar la desconexión y la soledad que a menudo acompañan a las experiencias personales intensas.

El puente sobre el que está parado el protagonista también tiene su simbolismo. Es un lugar de transición, un punto de no retorno que marca el paso de un estado de ser a otro. La perspectiva diagonal y las líneas fuertes del puente dirigen la mirada hacia la figura central, enfatizando su aislamiento y la fuerza de su emoción.

Aunque "El Grito" de Munch está lleno de angustia, también es una obra profundamente humana que habla de experiencias universales de miedo, soledad y desesperación. Es esta combinación de simbolismo y emoción lo que ha hecho de esta pintura una obra tan poderosa y duradera.

Si tienes alguna otra solicitud o deseas que ajustemos la descripción de alguna manera, no dudes en decírmelo. Estoy aquí para ayudarte a crear un libro fascinante.

Curiosidad 14: La Influencia de La Alquimia en Las Pinturas de Botticelli

Sandro Botticelli, uno de los grandes maestros del Renacimiento italiano, es conocido por sus obras llenas de belleza clásica y detalles simbólicos.

Lo que muchos no saben es que la alquimia, una práctica mística y proto-científica que buscaba la transformación de materiales y la obtención de sabiduría espiritual, influyó sutilmente en algunas de sus pinturas.

La alquimia, con sus complejos símbolos y conceptos filosóficos, proporcionó una rica fuente de inspiración para Botticelli. Sus obras a menudo incluyen referencias ocultas a la transformación y la búsqueda de la perfección, principios fundamentales de la alquimia.

En "La Primavera", por ejemplo, vemos una escena llena de vida y movimiento, con figuras que representan la fertilidad y el renacimiento. Los elementos naturales, como las flores y los árboles, simbolizan la transformación y el ciclo eterno de la vida. La figura central de Venus, rodeada de las Tres Gracias y otras deidades, podría interpretarse como una alegoría de la transformación alquímica, donde la belleza y el amor actúan como fuerzas transformadoras.

Otra obra emblemática, "El Nacimiento de Venus", también refleja esta influencia. Venus, naciendo de una concha marina y llevada a la orilla por el viento, puede simbolizar la purificación y el renacimiento, conceptos clave en la alquimia. El uso de elementos naturales y la representación de Venus como una figura divina y transformadora refuerzan esta interpretación.

Botticelli utilizó símbolos alquímicos en sus obras de manera sutil y elegante, integrándolos en composiciones armoniosas que celebran la belleza y la perfección. Sus pinturas no solo son visualmente deslumbrantes, sino que también invitan al espectador a explorar significados más profundos y místicos.

Encuentra los símbolos y elementos que podrían reflejar la influencia de la alquimia. Estos detalles añaden una capa adicional de significado y nos permiten apreciar la riqueza y profundidad del arte renacentista.

Curiosidad 15: Los Mensajes Cifrados en Las Obras de Rembrandt

Rembrandt van Rijn, uno de los más grandes maestros del Barroco, es conocido por sus retratos y escenas que capturan la profundidad de la experiencia humana.

Sin embargo, más allá de su habilidad técnica y su uso dramático de la luz y la sombra, algunas de sus obras contienen mensajes cifrados y símbolos ocultos que han intrigado a historiadores del arte durante siglos.

Rembrandt vivió en un tiempo de grandes cambios y tensiones políticas y religiosas. Como resultado, muchos artistas de su época incluían mensajes codificados en sus obras para expresar opiniones o transmitir conocimientos sin atraer la atención negativa de las autoridades. En las obras de Rembrandt, estos mensajes a menudo se ocultan en los detalles del fondo, la ropa de los personajes, o en las composiciones mismas.

Un ejemplo famoso es "La Ronda de Noche". A primera vista, parece ser simplemente un retrato de un grupo de milicianos. Sin embargo, se ha sugerido que la disposición de las figuras y ciertos elementos del cuadro podrían contener referencias a eventos políticos contemporáneos o a personalidades específicas. La posición de las manos, la dirección de las miradas y los objetos que sostienen los personajes podrían estar contando una historia más profunda.

En sus autorretratos, Rembrandt también juega con símbolos y pistas ocultas. Su habilidad para capturar la luz y la sombra no solo crea una atmósfera dramática, sino que también puede guiar al espectador a ver detalles ocultos. Los pliegues de la ropa, las sombras en el fondo, e incluso las expresiones faciales pueden contener mensajes personales o filosóficos.

Además, algunos estudiosos creen que Rembrandt utilizaba números y letras escondidos en sus obras. Estos podrían estar integrados en el patrón de los ladrillos de un edificio, en las arrugas de la piel, o en la textura del cabello. Estos detalles, apenas visibles a simple vista, invitan al espectador a mirar más de cerca y a descubrir los secretos escondidos en el lienzo.

La próxima vez que observes una pintura de Rembrandt, tómate un momento para buscar los detalles ocultos y los posibles mensajes cifrados. Estos elementos no solo añaden profundidad a su arte, sino que también nos ofrecen una ventana a las preocupaciones y pensamientos del propio Rembrandt, haciendo de sus obras un verdadero enigma por resolver.

Curiosidad 16: La Ciencia y Arte en Los Esquemas de Leonardo

Leonardo da Vinci, uno de los más grandes genios del Renacimiento, es conocido tanto por sus obras de arte como por sus innovadores estudios científicos. Su capacidad para fusionar ciencia y arte en sus esquemas y dibujos es una de las razones por las que sigue siendo una figura tan influyente y admirada.

Leonardo estaba fascinado por el cuerpo humano y dedicó gran parte de su vida a estudiarlo en detalle. Sus dibujos anatómicos, como el famoso "Hombre de Vitruvio", no solo muestran su habilidad artística, sino también su profundo conocimiento de la anatomía humana. El "Hombre de Vitruvio" es un estudio de las proporciones ideales del cuerpo humano y simboliza la armonía entre el hombre y el universo.

Además de sus estudios anatómicos, Leonardo también exploró el mundo de la mecánica y la ingeniería. Sus cuadernos están llenos de diseños de máquinas que eran muy adelantadas a su tiempo. Entre estos diseños se encuentran prototipos de helicópteros, tanques, y puentes. Sus dibujos mecánicos no solo son técnicamente impresionantes, sino que también están llenos de detalles artísticos que reflejan su creatividad y visión.

Leonardo también aplicó su conocimiento científico a su arte. Estudió la óptica para entender cómo la luz y la sombra funcionan, lo que le permitió crear pinturas con una profundidad y realismo increíbles. Obras como "La Última Cena" y "La Mona Lisa" son ejemplos de cómo utilizó su comprensión de la ciencia para mejorar su arte.

La fusión de ciencia y arte en los esquemas de Leonardo da Vinci no solo muestra su talento multifacético, sino también su creencia en la interconexión de todas las disciplinas. Para Leonardo, el arte y la ciencia no eran campos separados, sino dos aspectos de una misma búsqueda de conocimiento y belleza.

La próxima vez que mires una obra de Leonardo da Vinci, ya sea una pintura o un dibujo científico, considera cómo estos dos aspectos de su genio se combinan para crear algo verdaderamente extraordinario. La capacidad de Leonardo para unir ciencia y arte sigue siendo una fuente de inspiración para artistas y científicos por igual.

Curiosidad 17: El Significado de Los Retratos de La Corte de Felipe IV

Diego Velázquez, uno de los más grandes pintores del Siglo de Oro español, es especialmente conocido por sus retratos de la corte de Felipe IV.

Estas obras no solo capturan la apariencia de los miembros de la realeza y la nobleza, sino que también reflejan la complejidad social, política y cultural de la España del siglo XVII.

Los retratos de Velázquez son famosos por su realismo y atención al detalle. Cada retrato es una ventana a la vida en la corte, mostrando no solo las características físicas de sus sujetos, sino también su estatus y personalidad. La vestimenta rica y los adornos elaborados son símbolos de poder y riqueza, mientras que las poses y expresiones dignas reflejan la importancia y la autoridad de los retratados.

Uno de los retratos más emblemáticos es "Las Meninas", que no solo es un retrato de la infanta Margarita Teresa y sus damas de honor, sino también una representación compleja y multifacética de la corte española. Velázquez se incluye a sí mismo en la pintura, trabajando en un gran lienzo, lo que sugiere su propio estatus y papel dentro de la corte.

Además, los fondos y detalles en estos retratos a menudo incluyen símbolos sutiles de poder y prestigio, como estandartes, columnas, y paisajes que sugieren la extensión y la gloria del imperio español. La composición de las obras de Velázquez a menudo equilibra estos elementos para crear una imagen de armonía y grandeza.

Velázquez también utilizaba la luz y la sombra para añadir profundidad y realismo a sus retratos. La manera en que la luz cae sobre los rostros y las vestimentas de los sujetos no solo resalta su presencia física, sino que también sugiere su carácter y estado emocional.

La próxima vez que observes un retrato de Velázquez, considera cómo cada detalle, desde la expresión facial hasta los elementos del fondo, contribuye a contar la historia de la persona retratada y su lugar en la sociedad. Estos retratos no son solo obras de arte, sino documentos históricos que nos ofrecen una visión profunda de la vida en la corte española del siglo XVII.

Curiosidad 18: La Política en Las Obras de Goya

Francisco Goya, uno de los artistas más influyentes de España, es conocido no solo por su habilidad técnica sino también por su profundo comentario social y político. Sus obras reflejan las turbulencias de su tiempo, abordando temas como la guerra, la corrupción y la desigualdad social.

Goya vivió en una época de grandes cambios y conflictos, incluyendo la invasión napoleónica de España y las guerras de independencia. Estos eventos dejaron una profunda huella en su obra, que a menudo critica las injusticias y los horrores de la guerra. Un ejemplo emblemático es su serie de grabados "Los Desastres de la Guerra", que documenta de manera cruda y directa la brutalidad y el sufrimiento causado por el conflicto.

Otra obra famosa es "El 3 de mayo de 1808", que representa la ejecución de patriotas españoles por soldados franceses. La pintura no solo captura el horror y la desesperación de los condenados, sino que también sirve como una poderosa denuncia de la violencia y la opresión. La figura central, con los brazos extendidos en una pose que recuerda a la crucifixión, simboliza la inocencia y el sacrificio.

Además, Goya utilizó su arte para criticar la corrupción y la hipocresía de la sociedad y la Iglesia. En su serie "Los Caprichos", aborda temas como la superstición, la avaricia y la corrupción moral, utilizando la sátira y el simbolismo para exponer las fallas de la sociedad. Estas obras muestran a personajes grotescos y escenas surrealistas, reflejando la visión desilusionada de Goya sobre la condición humana.

Goya también experimentó con temas más oscuros en sus "Pinturas Negras", una serie de murales que pintó en las paredes de su casa en sus últimos años. Estas obras, llenas de imágenes inquietantes y sombrías, reflejan su visión pesimista de la humanidad y la política de su tiempo.

La próxima vez que observes una pintura de Goya, busca los mensajes ocultos y los comentarios sociales que subyacen en sus obras. Goya no solo fue un maestro del arte, sino también un crítico incisivo de su tiempo, cuyas obras siguen resonando con poder y relevancia en la actualidad.

Curiosidad 19: Los Mensajes Subversivos en Las Obras de Banksy

Banksy, el enigmático artista callejero británico, es conocido por sus provocativas y subversivas obras de arte que abordan temas sociales y políticos con un agudo sentido del humor y la ironía. Sus grafitis, a menudo creados en lugares públicos y visibles, desafían las normas establecidas y invitan a la reflexión sobre cuestiones contemporáneas.

Uno de los temas recurrentes en las obras de Banksy es la crítica al consumismo y la cultura materialista. En su obra "Shop Until You Drop", Banksy representa a una mujer cayendo con su carrito de compras, una imagen que critica la obsesión por el consumo y las compras compulsivas. Esta obra, ubicada en un lugar prominente de Londres, utiliza el humor y la exageración para hacer una declaración poderosa sobre el impacto negativo del consumismo desenfrenado.

Otro mensaje subversivo en las obras de Banksy es su postura anti-guerra. En "Girl with a Balloon", una de sus imágenes más icónicas, Banksy muestra a una niña soltando un globo en forma de corazón. Aunque a primera vista puede parecer una imagen inocente, se interpreta a menudo como una crítica a la pérdida de la inocencia y la esperanza en un mundo marcado por la violencia y el conflicto. En "Rage, the Flower Thrower", Banksy retrata a un manifestante arrojando un ramo de flores en lugar de una bomba, simbolizando la protesta pacífica y la resistencia contra la violencia.

Banksy también aborda temas de desigualdad social y la lucha de clases. En "Rat with a Suitcase", utiliza la imagen de una rata, un símbolo recurrente en su obra, para representar a los marginados y oprimidos. Las ratas de Banksy, a menudo vistas como plagas, se convierten en metáforas de la resistencia y la supervivencia en una sociedad injusta.

Además, Banksy utiliza su arte para cuestionar la autoridad y el poder. En "Kissing Coppers", retrata a dos policías besándose, desafiando las normas tradicionales de masculinidad y autoridad, y promoviendo un mensaje de amor y aceptación.

La obra de Banksy es un ejemplo brillante de cómo el arte callejero puede ser una herramienta poderosa para el cambio social. Sus mensajes subversivos, entregados con ingenio y creatividad, continúan inspirando a audiencias de todo el mundo a cuestionar el status quo y a luchar por un mundo más justo y equitativo.

Curiosidad 20: El Amor y Dolor en Las Pinturas de Frida Kahlo

Frida Kahlo, una de las artistas más emblemáticas de México, es conocida por sus autorretratos intensamente personales y emotivos que exploran temas de amor, dolor y sufrimiento. Su vida estuvo marcada por numerosos desafíos físicos y emocionales, los cuales plasmó en sus obras con una honestidad y profundidad que sigue resonando con audiencias de todo el mundo.

El dolor físico de Kahlo comenzó a una edad temprana, cuando sufrió un grave accidente de autobús que le causó múltiples fracturas y lesiones. Este evento traumático influyó profundamente en su arte, y muchas de sus pinturas reflejan su lucha continua con el dolor y la recuperación. En "La Columna Rota" (1944), Frida se representa a sí misma con una columna jónica rota en lugar de su columna vertebral, simbolizando su fragilidad física y el dolor que soportaba diariamente.

El amor y la tumultuosa relación con su esposo, el famoso muralista Diego Rivera, también fueron temas centrales en la obra de Kahlo. En "Diego y yo" (1949), Frida se pinta con un retrato de Diego en su frente, simbolizando la profunda conexión y la constante presencia de él en su mente. Sin embargo, esta relación también estuvo llena de infidelidades y conflictos, aspectos que Frida no dudó en plasmar en su arte.

Las flores y los elementos naturales son recurrentes en las pinturas de Kahlo, simbolizando tanto la vida como la muerte. En "Flores de la vida" (1953), por ejemplo, utiliza flores vibrantes para contrastar con su dolor, creando una dualidad entre la belleza y el sufrimiento.

Frida también exploró su identidad y herencia cultural en sus obras. A menudo se vestía con trajes tradicionales mexicanos y utilizaba símbolos y colores que reflejaban su amor por México. En "Las dos Fridas" (1939), se representa a sí misma en dos versiones: una con un vestido europeo y otra con un traje tradicional mexicano, mostrando su identidad dual y las tensiones internas entre sus dos mundos.

Las obras de Frida Kahlo son un testimonio de su capacidad para transformar el dolor en arte, y su legado perdura como un símbolo de resistencia y autenticidad.

Curiosidad 21: La Simbología de La Naturaleza en Las Obras de Georgia O'Keeffe

Georgia O'Keeffe, una de las figuras más destacadas del modernismo estadounidense, es conocida por sus pinturas de flores, paisajes y objetos naturales que capturan la esencia y la belleza del mundo natural. Su obra está llena de simbolismo, utilizando elementos de la naturaleza para explorar temas de vida, muerte, y la conexión humana con el entorno.

O'Keeffe tenía una habilidad única para tomar objetos naturales ordinarios y transformarlos en composiciones abstractas y sorprendentes. Sus famosas pinturas de flores, como "Jimson Weed/White Flower No. 1" (1932), amplían y exageran las formas florales hasta el punto de convertirlas en casi abstractas. Estas flores no solo representan la belleza y la fragilidad de la naturaleza, sino que también evocan sentimientos de sensualidad y vitalidad.

El paisaje del suroeste de Estados Unidos tuvo una profunda influencia en O'Keeffe. Después de mudarse a Nuevo México, comenzó a incorporar elementos del paisaje desértico en su obra. Pinturas como "Black Mesa Landscape, New Mexico/Out Back of Marie's II" (1930) capturan la vastedad y la soledad del desierto, utilizando colores vibrantes y formas simplificadas para transmitir una sensación de espacio y tranquilidad.

Los huesos y cráneos de animales también son motivos recurrentes en las obras de O'Keeffe. En "Cow's Skull: Red, White, and Blue" (1931), utiliza un cráneo de vaca para explorar temas de mortalidad y resistencia. Estos huesos, encontrados en el árido paisaje del desierto, simbolizan tanto la muerte como la belleza perdurable de la naturaleza. O'Keeffe veía estos huesos como estructuras puras y bellas, desprovistas de su connotación macabra.

Las conchas marinas y otros objetos naturales también aparecen en sus pinturas, simbolizando la vida y la continuidad. En obras como "Shell and Old Shingle VI" (1926), las conchas se convierten en formas casi abstractas, reflejando la fascinación de O'Keeffe por las formas naturales y su deseo de capturar su esencia más pura.

Aquí tienes una representación visual que captura la esencia de la simbología de la naturaleza en las obras de Georgia O'Keeffe:

La próxima vez que observes una pintura de O'Keeffe, tómate un momento para apreciar cómo utiliza elementos naturales para explorar temas profundos y universales. Su obra nos invita a ver la naturaleza desde una nueva perspectiva, revelando la belleza y el misterio que se esconden en los detalles más simples.

Curiosidad 22: Los Detalles Ocultos en Los Frescos de Pompeya

Los frescos de Pompeya son una ventana fascinante al mundo antiguo, revelando no solo la habilidad artística de sus creadores, sino también los detalles de la vida diaria, las creencias y la cultura de esta ciudad romana antes de ser sepultada por la erupción del Vesubio en el año 79 d.C.

Estos frescos, preservados durante siglos bajo capas de ceniza, están llenos de detalles ocultos que ofrecen una visión más profunda de la vida en la antigua Pompeya.

Uno de los aspectos más intrigantes de los frescos de Pompeya es el uso de figuras mitológicas y escenas simbólicas. Muchas casas tenían frescos que representaban dioses y héroes de la mitología griega y romana. Estos no solo eran decorativos, sino que también tenían un significado protector o auspicioso. Por ejemplo, la figura de Dionisio, el dios del vino, se encuentra frecuentemente en las áreas de comedor, simbolizando la abundancia y el placer.

Los frescos también incluyen escenas de la vida cotidiana que revelan detalles sobre las costumbres y actividades de los habitantes de Pompeya. En las paredes de las villas, se pueden ver representaciones de banquetes, actividades agrícolas, y escenas de mercado. Estas imágenes no solo decoraban los espacios, sino que también reflejaban el estatus y la riqueza de los propietarios.

Un detalle particularmente interesante es el uso de trompe-l'œil, una técnica artística que crea la ilusión de objetos tridimensionales en una superficie plana. Los artistas de Pompeya a menudo pintaban columnas, ventanas, y paisajes que daban la impresión de profundidad y espacio, haciendo que las habitaciones parecieran más grandes y lujosas de lo que realmente eran.

Además, algunos frescos contienen símbolos y elementos que aluden a prácticas religiosas y rituales. Por ejemplo, en la Villa de los Misterios, los frescos muestran escenas de iniciación en los ritos dionisíacos, proporcionando una rara visión de los cultos mistéricos de la época.

La próxima vez que observes los frescos de Pompeya, tómate un momento para buscar los detalles ocultos y las historias que estos antiguos artistas quisieron contar. Cada fresco es una pieza de un rompecabezas más grande que nos ayuda a comprender mejor la vida y la cultura de una civilización que, aunque perdida, sigue viva a través de su arte.

Curiosidad 23: La Historia de Los Colores en Las Obras de Kandinsky

Wassily Kandinsky, considerado uno de los pioneros del arte abstracto, dedicó gran parte de su carrera a explorar la relación entre el color y la emoción. Creía firmemente que los colores tenían el poder de influir en el estado emocional del espectador, y sus obras son un testimonio de esta filosofía.

Kandinsky desarrolló una teoría del color que se basaba en la idea de que cada color tiene una vibración emocional específica. Por ejemplo, veía el amarillo como un color agresivo y perturbador, mientras que el azul le parecía calmante y espiritual. Estas asociaciones no eran arbitrarias; Kandinsky creía que los colores podían tocar el alma de manera similar a la música, y a menudo comparaba sus pinturas con composiciones musicales.

En sus primeras obras, Kandinsky utilizaba colores más oscuros y tonos apagados, pero a medida que su estilo evolucionó hacia la abstracción, su paleta se volvió más vibrante y variada. En "Improvisación 28" (1912), por ejemplo, utiliza una gama de colores brillantes y contrastantes para crear una composición dinámica y emocionalmente rica. Los colores parecen moverse y fluir, evocando una sensación de energía y movimiento.

Kandinsky también exploró el simbolismo de los colores en sus escritos. En su libro "De lo espiritual en el arte" (1911), detalló sus teorías sobre cómo los colores afectan al espectador y cómo pueden utilizarse para transmitir diferentes estados de ánimo. Creía que los colores cálidos como el rojo y el amarillo eran expansivos y energizantes, mientras que los colores fríos como el azul y el verde eran introspectivos y calmantes.

En su serie "Composiciones", Kandinsky llevó sus teorías del color al extremo, creando obras que eran puras expresiones de color y forma. Cada composición es una sinfonía visual, donde los colores interactúan entre sí de maneras complejas y armoniosas. Utilizaba líneas y formas geométricas para guiar al ojo del espectador a través de la obra, creando una experiencia visual que es a la vez estructurada y libre.

Aquí tienes una representación visual que captura la esencia de la historia de los colores en las obras de Kandinsky:

La próxima vez que observes una pintura de Kandinsky, tómate un momento para apreciar cómo utiliza el color no solo para crear belleza, sino también para comunicar emociones profundas y universales. Sus obras son una prueba de que el color, cuando se utiliza con intención y sensibilidad, puede ser un poderoso medio de expresión artística.

Curiosidad 24: El Arte de La Guerra en Las Pinturas de Uccello

Paolo Uccello, un maestro del Renacimiento italiano, es conocido por sus innovadoras representaciones de la guerra y la batalla. Sus pinturas combinan un sentido dramático de la acción con una precisión geométrica que refleja su fascinación por la perspectiva y las matemáticas.

Una de sus obras más famosas es la serie de tres paneles titulada "La Batalla de San Romano". Estos paneles, que representan la batalla entre las fuerzas de Florencia y Siena en 1432, son un testimonio de la habilidad de Uccello para capturar la energía y el caos del combate. Utilizando una perspectiva lineal precisa, Uccello organizó los elementos de la batalla en una composición que guía la mirada del espectador a través de la escena.

En "La Batalla de San Romano", los caballeros con armaduras brillantes, los caballos encabritados y las lanzas entrecruzadas crean un ritmo visual que transmite la intensidad del conflicto. Uccello prestó gran atención a los detalles de las armaduras y las armas, mostrando no solo su habilidad técnica, sino también su interés en la precisión histórica y la realismo.

Además de la acción de la batalla, Uccello también introdujo elementos simbólicos en sus obras. Los estandartes y las insignias de los combatientes no solo identifican a los diferentes ejércitos, sino que también aluden a los valores y las lealtades de la época. La inclusión de figuras caídas y heridas añade una dimensión emocional y humana a la representación de la guerra, recordando al espectador el costo de la violencia.

La utilización de la perspectiva por Uccello fue revolucionaria en su tiempo. Al aplicar principios geométricos a sus composiciones, logró crear una sensación de profundidad y espacio que da vida a sus escenas de batalla. Esta técnica no solo mejoró el realismo de sus obras, sino que también influyó en generaciones posteriores de artistas.

La próxima vez que observes una pintura de Uccello, tómate un momento para apreciar cómo combinó la precisión técnica con la emoción dramática para crear algunas de las representaciones más impactantes de la guerra en la historia del arte. Sus obras no solo documentan eventos históricos, sino que también exploran la complejidad y la humanidad en medio del conflicto.

Curiosidad 25: Los Mensajes Ocultos en El Arte del Renacimiento

El Renacimiento, un periodo de gran florecimiento cultural y artístico en Europa, es conocido por sus avances en la técnica, la perspectiva y el realismo. Sin embargo, muchas de las obras maestras de esta época también están llenas de mensajes ocultos y símbolos que revelan las complejidades intelectuales y espirituales de sus creadores.

Uno de los artistas más conocidos por incluir mensajes ocultos en sus obras es Leonardo da Vinci. En su famosa pintura "La Última Cena", Leonardo no solo capturó la conmoción de los discípulos al escuchar que uno de ellos traicionaría a Jesús, sino que también incorporó múltiples símbolos y referencias. Por ejemplo, la disposición de los apóstoles en grupos de tres alude a la Santísima Trinidad, mientras que las manos de Jesús y los apóstoles parecen señalar hacia varios puntos de la mesa, sugiriendo una narrativa más profunda y oculta.

Miguel Ángel, otro genio del Renacimiento, también incluyó mensajes ocultos en su obra maestra, el techo de la Capilla Sixtina. En la "Creación de Adán", algunos estudiosos han sugerido que la forma del manto que rodea a Dios y a los ángeles se asemeja al contorno de un cerebro humano, simbolizando la divina inteligencia. Este detalle podría reflejar la fascinación de Miguel Ángel por la anatomía humana y su creencia en la conexión entre la mente y el espíritu.

Las obras de Botticelli, como "La Primavera" y "El Nacimiento de Venus", están llenas de referencias mitológicas y alegóricas. En "La Primavera", las figuras mitológicas representan no solo la estación de la primavera, sino también conceptos filosóficos y astrológicos. Venus, en el centro, simboliza el amor y la belleza, mientras que las otras figuras aluden a las virtudes y las estaciones del año, creando una compleja red de significados que invita al espectador a una contemplación más profunda.

Rafael, en sus frescos del Vaticano, utilizó símbolos y referencias clásicas para expresar ideas humanistas y teológicas. En "La Escuela de Atenas", Rafael incluyó retratos de sus contemporáneos, como Leonardo da Vinci y Miguel Ángel, como filósofos antiguos, simbolizando la conexión entre el saber antiguo y el renacimiento del conocimiento en su propia época.

La próxima vez que observes una obra del Renacimiento, tómate un momento para buscar los detalles ocultos y los símbolos que pueden revelar una narrativa más profunda y compleja. Estos elementos no solo añaden riqueza a la obra, sino que también nos permiten apreciar la sofisticación intelectual y espiritual de los artistas de esta época dorada del arte.

Curiosidad 26: La Influencia de La Mitología en Las Obras de Rubens

Peter Paul Rubens, uno de los pintores más destacados del Barroco, es conocido por sus vibrantes y dinámicas representaciones de temas mitológicos.

Su obra está impregnada de la grandeza y el drama de las historias clásicas, que utilizaba para explorar temas universales como el amor, el poder, y la tragedia.

Rubens tenía un profundo conocimiento de la mitología clásica y a menudo recurrió a ella para inspirarse en sus composiciones. Su habilidad para combinar el realismo detallado con la teatralidad dramática le permitió crear escenas que no solo eran visualmente impresionantes, sino también emocionalmente resonantes.

Uno de los ejemplos más conocidos de la influencia mitológica en la obra de Rubens es "El Juicio de Paris". En esta pintura, Rubens representa el momento en que el príncipe troyano Paris debe elegir a la diosa más bella entre Juno, Minerva, y Venus, una decisión que eventualmente llevaría a la guerra de Troya. La composición está llena de movimiento y energía, con figuras musculosas y expresivas que capturan la tensión y la importancia del momento.

Otra obra destacada es "El Rapto de las Hijas de Leucipo", que muestra a los hermanos Cástor y Pólux secuestrando a las hijas del rey Leucipo. Esta escena de acción y violencia está representada con un sentido de dinamismo y urgencia, con cuerpos entrelazados y torsos retorcidos que ejemplifican la maestría de Rubens en el manejo de la anatomía humana y la composición.

Rubens también exploró temas mitológicos en sus representaciones de los dioses y héroes clásicos. En "Hércules y Omphale", muestra al héroe griego Hércules en un momento de vulnerabilidad, vestido con las ropas de la reina Lidia Omphale, lo que refleja temas de poder, dominación y transformación.

Además, sus pinturas a menudo incluían símbolos y referencias que enriquecían la narrativa visual. Utilizaba una rica paleta de colores y técnicas de iluminación para destacar la piel desnuda, los tejidos lujosos y los paisajes exuberantes, creando un contraste visual que añadía profundidad y dramatismo a sus obras.

Aprecia cómo utiliza los mitos clásicos no solo para contar historias, sino también para explorar las emociones humanas y las complejidades de la experiencia humana. Sus obras son una ventana al mundo antiguo, reinterpretadas a través de la lente vibrante y dinámica del Barroco.

Curiosidad 27: La Identidad Oculta en Las Figuras de Michelangelo

Michelangelo Buonarroti, uno de los más grandes artistas del Renacimiento, es conocido por sus esculturas y pinturas que capturan la belleza y la fuerza del cuerpo humano. Sin embargo, muchas de sus obras también contienen identidades ocultas y mensajes simbólicos que revelan una profundidad mayor en su arte.

Una de las esculturas más famosas de Michelangelo es el "David". Aunque a primera vista, esta obra maestra parece ser simplemente una representación del héroe bíblico, algunos historiadores del arte han sugerido que el David podría ser una representación del propio Michelangelo. La determinación y la serenidad en la expresión de David podrían reflejar las propias aspiraciones y el espíritu indomable del artista.

En la Capilla Sixtina, Michelangelo pintó el "Juicio Final" en la pared del altar. En esta monumental obra, uno de los detalles más interesantes es el autorretrato de Michelangelo en la piel flácida sostenida por San Bartolomé. Este gesto ha sido interpretado como una reflexión sobre la mortalidad y la identidad del artista, sugiriendo una lucha interna y una meditación sobre su propia alma.

Otro ejemplo de identidad oculta se encuentra en las tumbas de los Medici en la Sacristía Nueva de la Basílica de San Lorenzo en Florencia. Michelangelo esculpió las figuras de "Lorenzo" y "Giuliano" de Medici, pero las figuras alegóricas de "Día" y "Noche" que acompañan a estos monumentos también pueden contener referencias ocultas. Algunos expertos creen que estas figuras simbolizan más que simplemente el paso del tiempo; podrían representar una meditación sobre la vida y la muerte, y la influencia de los Medici en el destino de Florencia.

Michelangelo también dejó pistas sobre su identidad y creencias en sus dibujos y bocetos. En algunos de sus estudios anatómicos, por ejemplo, se pueden encontrar pequeñas inscripciones y símbolos que reflejan su fascinación por la ciencia y la anatomía humana, así como su deseo de comprender la creación divina.

Aquí tienes una representación visual que captura la esencia de la identidad oculta en las figuras de Michelangelo:

La próxima vez que observes una obra de Michelangelo, tómate un momento para considerar los detalles y las posibles identidades ocultas que puedan estar presentes. Sus obras no solo son ejemplos de maestría técnica, sino también de una profunda reflexión personal y filosófica que añade una capa adicional de significado a su arte.

Curiosidad 28: El Código de Colores en Las Obras de Mondrian

Piet Mondrian, uno de los pioneros del arte abstracto, es famoso por sus composiciones geométricas utilizando colores primarios y líneas negras. Su estilo distintivo, conocido como neoplasticismo o De Stijl, se basa en la búsqueda de equilibrio y armonía a través del uso de formas y colores básicos.

Mondrian creía que el arte debía reflejar una realidad espiritual más profunda, y para ello desarrolló un lenguaje visual basado en colores y formas puras. Los colores primarios —rojo, azul y amarillo—, junto con el blanco y el negro, formaban el núcleo de su paleta. Estos colores, según Mondrian, representaban la esencia fundamental del universo y podían transmitir una claridad y pureza espiritual.

En sus obras, Mondrian utilizaba líneas negras gruesas para crear una estructura de cuadrículas que dividía el lienzo en rectángulos y cuadrados. Cada uno de estos espacios era llenado con colores primarios o dejados en blanco, creando una sensación de equilibrio dinámico. El posicionamiento y la proporción de los colores no eran aleatorios; Mondrian pensaba meticulosamente en cómo cada elemento contribuía al todo.

El código de colores de Mondrian también puede interpretarse como una reflexión sobre el orden y el caos. Las líneas negras actúan como fronteras que contienen y organizan los colores, simbolizando el esfuerzo humano por dar sentido y estructura al mundo. Al mismo tiempo, la disposición aparentemente simple de los colores y formas genera una tensión visual que mantiene al espectador comprometido y en movimiento.

Además, Mondrian estaba influenciado por sus creencias teosóficas, una filosofía que busca la comprensión espiritual más allá de las religiones tradicionales. Sus composiciones geométricas eran una manifestación de su creencia en la interconexión de todas las cosas y la armonía cósmica.

La próxima vez que observes una pintura de Mondrian, tómate un momento para considerar cómo utiliza el color y la forma para comunicar ideas sobre el equilibrio, la espiritualidad y el orden. Sus obras son un testimonio de la capacidad del arte abstracto para transmitir significados profundos a través de la simplicidad y la precisión.

Curiosidad 29: La Música en Las Pinturas de Chagall

Marc Chagall, un pintor bielorruso-francés conocido por su estilo expresivo y surrealista, a menudo incorporaba la música como un tema central en sus obras. La música en las pinturas de Chagall no solo sirve como un motivo recurrente, sino que también refleja su profundo amor por la armonía y la belleza del mundo sonoro.

Chagall creció en una familia judía en la ciudad de Vitebsk, donde la música era una parte integral de la vida comunitaria y religiosa. Esta influencia temprana se manifiesta en sus pinturas a través de representaciones de músicos, instrumentos y escenas que evocan una sensación de melodía y ritmo.

Uno de los elementos más destacados en las obras de Chagall es la figura del violinista. En muchas de sus pinturas, el violinista aparece flotando en el aire, tocando su instrumento con una expresión de éxtasis.

Esta imagen se ha interpretado como una representación de la alegría y la trascendencia que la música puede traer. En "El violinista verde" (1923-24), Chagall pinta a un hombre tocando el violín en un entorno rural, sus colores vivos y el surrealismo del escenario capturan la magia de la música.

La música también aparece en sus representaciones de fiestas y celebraciones. En "La boda" (1910), por ejemplo, una banda de músicos toca mientras los novios bailan, encapsulando la alegría y la energía de la vida comunitaria. Los colores vibrantes y las figuras en movimiento reflejan la vitalidad y el dinamismo de la música.

Además, Chagall utilizaba la música como un símbolo de identidad cultural y espiritual. En sus obras que representan escenas de la vida judía, los músicos a menudo actúan como figuras centrales, simbolizando la continuidad y la resistencia cultural a través del arte y la tradición musical.

La próxima vez que observes una pintura de Chagall, presta atención a cómo utiliza la música para añadir una capa de emoción y significado a sus escenas. Sus obras nos invitan a escuchar con los ojos y a sentir la armonía y el ritmo de la vida a través de su arte.

Curiosidad 30: Los Secretos de Las Pinturas de La Escuela de Atenas

"La Escuela de Atenas", pintada por Raphael entre 1509 y 1511, es una de las obras maestras del Renacimiento y está llena de detalles simbólicos y secretos ocultos. Este fresco, ubicado en las Estancias de Rafael en el Vaticano, representa a muchos de los grandes filósofos y científicos de la antigüedad reunidos en un majestuoso entorno arquitectónico.

Una de las características más intrigantes de "La Escuela de Atenas" es la inclusión de retratos de contemporáneos de Rafael disfrazados de filósofos antiguos. Por ejemplo, Platón, en el centro de la composición, tiene el rostro de Leonardo da Vinci, mientras que la figura de Heráclito parece ser un retrato de Miguel Ángel. Este uso de retratos contemporáneos no solo rinde homenaje a estos grandes artistas, sino que también conecta el mundo antiguo con el Renacimiento, subrayando la continuidad del conocimiento y la inspiración.

En el fresco, Platón y Aristóteles están en el centro, con Platón apuntando hacia arriba, simbolizando su filosofía de las Ideas y el mundo trascendental, mientras que Aristóteles extiende la mano hacia el suelo, representando su enfoque en la realidad tangible y el empirismo. Esta representación visual de sus filosofías resume de manera elegante el debate central de la filosofía griega.

Además, en la esquina inferior derecha, Raphael se incluye a sí mismo en la escena, mirando directamente al espectador. Este autorretrato sutil es un testimonio de su orgullo por la obra y su lugar en la historia del arte.

La arquitectura del fresco también está cargada de simbolismo. Los arcos y las bóvedas están diseñados en un estilo clásico que evoca la grandeza de la arquitectura romana antigua, pero también están adornados con detalles renacentistas que muestran el dominio técnico de Rafael y su conocimiento de la perspectiva y la proporción.

Otro detalle fascinante es el uso del espacio negativo y la composición. Rafael utiliza líneas diagonales y horizontales para guiar la mirada del espectador a través de la escena, creando una sensación de profundidad y movimiento que anima a explorar cada rincón del fresco en busca de más detalles ocultos.

Tómate un momento para apreciar no solo la maestría técnica de Rafael, sino también los mensajes y símbolos que ha ocultado en su obra. Esta pintura no solo celebra la filosofía y la ciencia, sino que también es un reflejo del propio Renacimiento, un periodo de renovación y descubrimiento intelectual.

Curiosidad 31: La Historia Detrás de La Torre de Babel de Bruegel

Pieter Bruegel el Viejo, uno de los pintores más destacados del Renacimiento flamenco, es conocido por sus detalladas y complejas composiciones que capturan tanto la vida cotidiana como las grandes narrativas bíblicas.

Una de sus obras más famosas es "La Torre de Babel", una pintura que no solo representa la ambiciosa construcción del mítico edificio, sino que también contiene profundos mensajes sobre la humanidad y sus aspiraciones.

La pintura de Bruegel, creada en 1563, muestra la monumental Torre de Babel en pleno proceso de construcción. La torre, que parece una gigantesca espiral, se eleva hacia el cielo, simbolizando la ambición humana de alcanzar la divinidad. Sin embargo, Bruegel también destaca la inevitable caída de este proyecto con varios detalles sutiles que insinúan el caos y la confusión que se avecinan.

En el relato bíblico, la Torre de Babel es construida por la humanidad con el objetivo de llegar al cielo y hacer un nombre para sí mismos. Dios, viendo esto como un acto de arrogancia, confunde su lenguaje, haciendo que los constructores ya no puedan comunicarse entre sí, lo que finalmente lleva al abandono del proyecto y la dispersión de las personas por todo el mundo. Bruegel captura esta narrativa en su pintura a través de la actividad frenética de los trabajadores y la complejidad del edificio en construcción.

Uno de los detalles más intrigantes de la obra de Bruegel es la inclusión de pequeñas figuras trabajando diligentemente en la construcción, con herramientas y materiales repartidos por toda la escena. Estas figuras, aunque diminutas en comparación con la inmensa torre, están llenas de vida y actividad, lo que da una sensación de movimiento y energía a la pintura. Sin embargo, si se observa de cerca, se pueden ver signos de frustración y desorganización, como trabajadores que parecen confundidos y elementos de la estructura que empiezan a mostrar grietas.

La torre en sí está inspirada en la arquitectura clásica y medieval, pero también contiene elementos anacrónicos que reflejan las propias observaciones de Bruegel sobre la arquitectura contemporánea y sus fallas. La base sólida y bien construida contrasta con las partes superiores, que parecen menos estables y más propensas a colapsar.

Además, la pintura de Bruegel puede interpretarse como una crítica a la vanidad y la hubris humanas. Al representar la Torre de Babel como un proyecto grandioso pero condenado al fracaso, Bruegel nos recuerda las limitaciones humanas y las consecuencias de la ambición desmedida.

La próxima vez que observes "La Torre de Babel" de Bruegel, tómate un momento para apreciar no solo la maestría técnica del artista, sino también los profundos mensajes sobre la condición humana que se esconden en los detalles de la obra.

Curiosidad 32: La Influencia de Los Sueños en Las Obras de Dalí

Salvador Dalí, uno de los más grandes exponentes del surrealismo, es conocido por sus obras que exploran el subconsciente y los sueños. Su arte está lleno de imágenes oníricas y simbolismo que desafían la lógica y la realidad, invitando al espectador a adentrarse en el mundo de lo irracional y lo fantástico.

Dalí estaba profundamente influenciado por las teorías psicoanalíticas de Sigmund Freud, quien creía que los sueños eran una ventana al inconsciente. Inspirado por esta idea, Dalí utilizó técnicas como la "paranoia-crítica" para inducir estados de mente en los que pudiera acceder a sus pensamientos y deseos más profundos. Esta técnica consistía en un método espontáneo de irracionalidad sistemática que permitía a Dalí crear sus imágenes surrealistas.

Una de las obras más emblemáticas de Dalí es "La persistencia de la memoria" (1931), que presenta los icónicos relojes derretidos. Esta pintura, con su paisaje desértico y sus relojes blandos, evoca una sensación de tiempo que se disuelve, como en un sueño. Los relojes derretidos son símbolos de la fluidez y la relatividad del tiempo en el mundo onírico, donde las reglas de la realidad se suspenden.

Otra obra significativa es "El sueño" (1937), que muestra una cabeza flotante con características faciales desproporcionadas y suavemente deformadas. Esta imagen capta la esencia de los sueños, donde las identidades y las formas se distorsionan, y la lógica se desvanece. Las muletas que sostienen la cabeza simbolizan la fragilidad de la realidad y cómo los sueños necesitan apoyo para mantenerse.

En "Sueño causado por el vuelo de una abeja alrededor de una granada un segundo antes de despertar" (1944), Dalí mezcla elementos de la naturaleza con imágenes surrealistas, como un pez gigante y tigres saltando. Esta obra muestra cómo los estímulos externos pueden influir en el contenido de los sueños, y cómo el subconsciente combina estos elementos en narrativas extrañas y fantásticas.

Dalí también utilizó el simbolismo de los sueños en sus esculturas y películas. Sus colaboraciones con cineastas como Luis Buñuel, en películas como "Un perro andaluz" (1929), exploran temas de deseos reprimidos y asociaciones oníricas a través de secuencias visuales impactantes.

La próxima vez que observes una obra de Dalí, tómate un momento para considerar cómo utiliza el lenguaje visual de los sueños para explorar lo irracional y lo subconsciente. Sus obras no solo son ejemplos de maestría técnica, sino también de una profunda inmersión en el mundo de lo surreal y lo onírico.

Curiosidad 33: El Realismo Mágico en Las Obras de Remedios Varo

Remedios Varo, una pintora surrealista española-mexicana, es conocida por sus enigmáticas y mágicas obras que fusionan lo real con lo fantástico. Su arte está lleno de detalles intrincados, personajes místicos y escenarios oníricos que invitan al espectador a un mundo donde la lógica y la fantasía se entrelazan de manera armoniosa.

Varo, influenciada por el surrealismo y el esoterismo, creó un universo visual único en el que las leyes de la física y la realidad se suspenden. Sus pinturas a menudo presentan figuras andróginas inmersas en actividades misteriosas, rodeadas de maquinaria compleja y paisajes de ensueño. Este estilo, conocido como realismo mágico, se caracteriza por la inclusión de elementos mágicos o sobrenaturales en un entorno realista, creando una atmósfera de asombro y maravilla.

Una de sus obras más emblemáticas es "La creación de las aves" (1957). En esta pintura, una figura femenina alada, que podría ser una representación de la propia Varo, utiliza un prisma para transformar la luz en aves. Este acto de creación refleja la combinación de ciencia, arte y magia, temas recurrentes en su obra. La figura está rodeada de instrumentos científicos y un entorno que sugiere un laboratorio alquímico, simbolizando la búsqueda de conocimiento y la transformación.

En "El encuentro" (1959), Varo representa a un personaje que navega por un paisaje surrealista en un vehículo parecido a una nave espacial, mientras interactúa con criaturas fantásticas. Esta obra encapsula la sensación de exploración y descubrimiento, llevándonos a un mundo donde lo imposible se vuelve posible.

Otro ejemplo destacado es "Mimetismo" (1960), en el cual una figura femenina parece fusionarse con su entorno, convirtiéndose en parte de la naturaleza que la rodea. Esta pintura explora la idea de la integración del ser humano con el universo, un tema que Varo abordó con frecuencia para expresar su visión de la conexión profunda entre todas las cosas.

La próxima vez que observes una pintura de Remedios Varo, tómate un momento para apreciar cómo utiliza el realismo mágico para explorar temas de transformación, conocimiento y conexión. Sus obras no solo son visualmente deslumbrantes, sino que también invitan a una profunda reflexión sobre la naturaleza de la realidad y la imaginación.

Curiosidad 34: El Misterio de Las Meninas de Velázquez

"Las Meninas", pintada por Diego Velázquez en 1656, es una de las obras más enigmáticas y estudiadas de la historia del arte. Este cuadro, que representa a la Infanta Margarita Teresa rodeada de sus damas de honor, es famoso no solo por su técnica brillante y su composición innovadora, sino también por los muchos misterios y preguntas que plantea.

Uno de los elementos más intrigantes de "Las Meninas" es la inclusión del propio Velázquez en la pintura. Se muestra trabajando en un gran lienzo, mirándonos directamente, lo que rompe la cuarta pared y nos convierte en participantes de la escena. Este autorretrato dentro de la obra sugiere un comentario sobre el papel del artista en la corte y la naturaleza del acto de pintar.

En el fondo de la escena, un espejo refleja las imágenes del rey Felipe IV y la reina Mariana de Austria, que no están presentes físicamente en la habitación. Este detalle añade una capa de complejidad a la pintura, ya que plantea preguntas sobre la perspectiva y la realidad. ¿Estamos viendo la escena desde el punto de vista de los reyes? ¿O el espejo refleja un espacio más allá de lo que podemos ver directamente?

La disposición de los personajes en "Las Meninas" también es significativa. La Infanta Margarita es el punto focal, pero las miradas y posturas de las otras figuras dirigen nuestra atención en diferentes direcciones, creando una sensación de movimiento y vida. Las damas de honor, el enano y el perro añaden dinamismo a la composición, mientras que la figura en la puerta del fondo, Don José Nieto, parece estar a punto de entrar o salir, aumentando la sensación de profundidad y perspectiva.

El uso de la luz y la sombra por Velázquez en "Las Meninas" es magistral. La luz que entra por la ventana ilumina a la Infanta y a las figuras centrales, mientras que las sombras crean un contraste dramático que añade profundidad y realismo a la escena. Este juego de luz y sombra también contribuye al misterio de la pintura, ya que ciertos detalles quedan parcialmente ocultos, invitándonos a mirar más de cerca.

La próxima vez que observes "Las Meninas", tómate un momento para considerar los muchos niveles de significado y los detalles sutiles que Velázquez incluyó en esta obra maestra. Cada mirada, gesto y reflejo en la pintura contribuye a su misterio y su capacidad para fascinar a los espectadores siglos después de su creación.

Curiosidad 35: La Simbología en Las Pinturas de El Greco

El Greco, nacido como Doménikos Theotokópoulos, es uno de los artistas más fascinantes del Renacimiento español, conocido por su estilo distintivo que combina elementos del arte bizantino con la tradición renacentista occidental.

Sus pinturas están llenas de figuras alargadas, colores vibrantes y una iluminación dramática, características que no solo definen su técnica, sino que también aportan un profundo simbolismo a su obra.

Uno de los aspectos más destacados de la simbología en las pinturas de El Greco es su uso de la luz y el color. La luz en sus obras a menudo tiene una calidad espiritual, iluminando a los santos y figuras religiosas de manera que parecen irradiar santidad y divinidad. Esta técnica puede verse en obras como "El entierro del conde de Orgaz", donde la luz celestial ilumina la escena del milagro, contrastando con las sombras que representan el mundo terrenal.

Las figuras alargadas de El Greco, con sus poses dramáticas y gestos expresivos, también tienen un significado simbólico. Estas formas estilizadas no solo aportan una cualidad etérea y sobrenatural a las figuras, sino que también expresan la tensión entre el mundo material y el espiritual. En su "San Juan Evangelista y San Francisco", por ejemplo, las figuras parecen casi ascender hacia el cielo, simbolizando la elevación del alma y la búsqueda de lo divino.

El Greco también incorporó muchos símbolos religiosos en sus obras. Los santos y mártires a menudo se representan con sus atributos tradicionales, como la cruz de San Juan, la espada de San Pablo o las llaves de San Pedro. Estos elementos no solo identifican a las figuras, sino que también transmiten sus historias y significados espirituales.

En "La Anunciación", El Greco utiliza la flor de lis para simbolizar la pureza de la Virgen María, mientras que el Espíritu Santo, en forma de paloma, desciende sobre ella, representando la presencia divina. Los colores también tienen un significado profundo; el azul del manto de María simboliza su pureza y su rol como reina del cielo, mientras que el rojo puede representar el amor divino y el sacrificio.

Aprecia no solo su habilidad técnica y su estilo único, sino también los muchos símbolos y significados ocultos que dan profundidad y espiritualidad a su obra. El Greco no solo pintaba escenas religiosas, sino que también buscaba transmitir la experiencia espiritual y la búsqueda de lo divino a través de su arte.

Curiosidad 36: El Significado de Los Dragones en El Arte Chino

Los dragones ocupan un lugar central en la cultura y el arte chinos, siendo símbolos de poder, sabiduría y buena fortuna.

A diferencia de las representaciones occidentales, donde los dragones a menudo son vistos como criaturas malignas, en la tradición china, los dragones son venerados y considerados protectores.

En el arte chino, los dragones se representan con cuerpos serpenteantes, escamas intrincadas y expresiones que combinan majestuosidad y energía. Estas criaturas míticas son frecuentemente mostradas entrelazadas con elementos naturales como nubes, agua y fuego, que simbolizan su dominio sobre los cielos y los océanos.

Una de las representaciones más comunes es el dragón celestial, o "Tianlong", que se considera un guardián del cielo. Estos dragones están asociados con la emperatriz y el trono celestial, simbolizando el poder supremo y la autoridad divina. Los dragones de agua, o "Shenlong", controlan la lluvia, los ríos y los lagos, y son invocados para asegurar buenas cosechas y proteger contra las inundaciones.

El dragón también tiene un lugar prominente en festividades como el Año Nuevo Chino, donde desfiles de dragones, acompañados de tambores y danzas, recorren las calles para ahuyentar a los malos espíritus y traer buena suerte para el nuevo año. Estas celebraciones no solo destacan la importancia cultural del dragón, sino que también refuerzan su papel como símbolo de prosperidad y protección.

Los dragones en el arte chino también están llenos de simbolismo. Sus cuerpos ondulantes representan la fluidez y el cambio, mientras que sus ojos penetrantes simbolizan la visión y la sabiduría. A menudo se les muestra sosteniendo o persiguiendo una perla, que representa la perfección espiritual y el poder.

Los dragones no solo embellecen las obras, sino que también transmiten profundas creencias culturales y espirituales que han perdurado a lo largo de los siglos.

Curiosidad 37: Los Mensajes en Los Murales de Diego Rivera

Diego Rivera, uno de los muralistas más influyentes de México, es conocido por sus vastos y coloridos murales que cuentan historias de la vida, la historia y la cultura mexicana. A través de su arte, Rivera abordó temas de justicia social, trabajo, y la lucha de los pueblos indígenas y campesinos.

Los murales de Rivera están llenos de simbolismo y mensajes profundos. En su famoso mural "Historia de México" en el Palacio Nacional, Rivera retrata la lucha del pueblo mexicano desde la época prehispánica hasta la Revolución Mexicana. La composición está llena de figuras históricas, escenas de conflicto y símbolos de resistencia, que juntos narran la historia de opresión y la búsqueda de libertad del pueblo mexicano.

Otro mural emblemático es "Man at the Crossroads" (Hombre en el cruce de caminos), que originalmente fue encargado para el Rockefeller Center en Nueva York. Aunque fue destruido debido a su contenido controvertido, Rivera recreó el mural en el Palacio de Bellas Artes en la Ciudad de México. La obra presenta una figura central que simboliza la humanidad, rodeada de avances científicos y tecnológicos, así como de escenas de lucha de clases. Este mural refleja la visión de Rivera de un futuro en el que el progreso científico y social se entrelazan.

En "La creación" (1922-1923), su primer mural importante en el Anfiteatro Bolívar de la Escuela Nacional Preparatoria, Rivera utiliza una rica iconografía religiosa y mitológica para explorar el origen del conocimiento y la civilización. Los personajes en el mural representan diversas figuras mitológicas, religiosas y científicas, creando una narrativa que conecta la cultura prehispánica con la modernidad.

Los murales de Rivera no solo eran decorativos, sino que también servían como herramientas de educación y conciencia social. A través de su arte, Rivera buscaba inspirar a la gente y hacer que reflexionaran sobre su historia y su papel en la sociedad. Sus murales están llenos de detalles que invitan al espectador a explorar y descubrir los múltiples niveles de significado y mensaje.

Los murales de Rivera no solo son obras maestras del arte, sino también poderosas declaraciones sobre la lucha por la justicia y la dignidad humana.

Curiosidad 38: El Misterio de Las Pinturas Rupestres en Altamira

Las pinturas rupestres de la cueva de Altamira, situadas en el norte de España, son algunas de las manifestaciones artísticas más antiguas y enigmáticas de la humanidad.

Descubiertas en 1868 por un cazador local y luego estudiadas en profundidad por el arqueólogo Marcelino Sanz de Sautuola, estas pinturas datan de hace aproximadamente 36,000 años y ofrecen una ventana fascinante al mundo prehistórico.

Las paredes de la cueva de Altamira están adornadas con representaciones vibrantes y detalladas de bisontes, ciervos, caballos y otros animales que eran importantes para los habitantes del Paleolítico Superior. Estas pinturas no solo son impresionantes por su antigüedad, sino también por la habilidad artística y técnica que demuestran. Los artistas prehistóricos utilizaron pigmentos naturales, como óxido de hierro y carbón, y técnicas de sombreado y perspectiva para dar vida a sus creaciones.

El misterio de las pinturas rupestres de Altamira radica en su propósito y significado. Los investigadores han propuesto varias teorías sobre el motivo detrás de estas obras de arte. Una de las hipótesis más aceptadas es que las pinturas tenían un propósito ritual o espiritual, posiblemente relacionadas con ceremonias de caza o creencias totémicas. Los animales representados en las paredes de la cueva podrían haber sido objeto de adoración o elementos de rituales mágicos destinados a asegurar el éxito en la caza.

Otra teoría sugiere que las pinturas podrían haber servido como una forma temprana de comunicación y enseñanza, transmitiendo conocimientos sobre los animales y las técnicas de caza a las generaciones futuras. La cueva de Altamira, con sus espacios oscuros y resonantes, habría proporcionado un entorno perfecto para ceremonias comunitarias y narrativas orales acompañadas de estas imágenes vívidas.

Las técnicas empleadas por los artistas de Altamira también son un tema de fascinación. Utilizaron la textura natural de las paredes de la cueva para añadir profundidad y realismo a sus figuras, y algunas de las imágenes parecen haber sido retocadas y añadidas a lo largo de generaciones, lo que sugiere una tradición artística continua y compartida.

Sus obras no solo nos conectan con un pasado distante, sino que también nos recuerdan el poder duradero del arte para comunicar, inspirar y unificar a las personas a través del tiempo y el espacio.

Curiosidad 39: El Enigma de Los Rostros en Las Obras de Picasso

Pablo Picasso, uno de los artistas más influyentes del siglo XX, es conocido por su estilo innovador y su capacidad para reinventar la representación del cuerpo humano, especialmente los rostros. A lo largo de su carrera, Picasso experimentó con diferentes estilos y técnicas, desde el realismo hasta el cubismo, y cada fase de su obra ofrece una perspectiva única sobre el enigma de la identidad y la emoción humana.

Durante su periodo cubista, Picasso fragmentó y descompuso los rostros en formas geométricas, creando composiciones que muestran múltiples perspectivas simultáneamente. Esta técnica, que desafía las convenciones tradicionales de la representación pictórica, invita al espectador a reconsiderar cómo vemos y entendemos los rostros humanos. Obras como "Retrato de Dora Maar" (1937) y "Las señoritas de Aviñón" (1907) son ejemplos emblemáticos de esta exploración cubista. En estos cuadros, los rostros se convierten en una amalgama de ángulos y facetas, reflejando la complejidad y la multiplicidad de la identidad.

Picasso también utilizó el simbolismo y la distorsión para transmitir emociones profundas y a menudo perturbadoras. En su famosa pintura "Guernica" (1937), los rostros de las figuras humanas y animales están distorsionados por el dolor y la desesperación, capturando la tragedia y el horror de la guerra. Los ojos alargados, las bocas abiertas en un grito mudo y las líneas angulosas crean una sensación de angustia y caos que resuena con la experiencia humana de la violencia y la pérdida.

Otro aspecto interesante de los rostros en las obras de Picasso es su capacidad para capturar tanto la esencia individual como la universal de sus sujetos. En sus retratos, incluso cuando utiliza distorsiones y abstracciones, Picasso logra transmitir la personalidad y la presencia de la persona retratada. Esto es evidente en sus numerosos retratos de amigos, amantes y familiares, donde cada rostro, aunque estilizado, refleja una identidad única y reconocible.

La próxima vez que observes una pintura de Picasso, tómate un momento para considerar cómo utiliza la forma y la perspectiva para explorar la identidad y la emoción. Sus obras nos invitan a ver más allá de la superficie y a descubrir las múltiples capas de significado que se ocultan en cada rostro.

Curiosidad 40: La Obra Inacabada de La Sagrada Familia de Gaudí

La Sagrada Familia, situada en Barcelona, es una de las obras maestras más emblemáticas del arquitecto Antoni Gaudí.

Este impresionante templo expiatorio, cuya construcción comenzó en 1882, sigue inacabado hasta el día de hoy, convirtiéndose en un símbolo de la dedicación y la visión creativa de Gaudí, así como en una muestra de la colaboración continua entre generaciones de arquitectos y artesanos.

Gaudí dedicó gran parte de su vida a la Sagrada Familia, y su diseño combina elementos góticos y modernistas con su característico estilo orgánico y naturalista. Las altas torres, las fachadas detalladas y las esculturas ornamentadas están llenas de simbolismo cristiano, reflejando la profunda religiosidad de Gaudí. Cada una de las tres fachadas principales —la del Nacimiento, la de la Pasión y la de la Gloria— narra una parte diferente de la vida de Jesús, y están adornadas con figuras y escenas que invitan a la contemplación y la reflexión.

A pesar de que Gaudí falleció en 1926, su visión para la Sagrada Familia ha sido mantenida y expandida por generaciones sucesivas de arquitectos. La construcción se ha enfrentado a numerosos desafíos, incluyendo la Guerra Civil Española y problemas financieros, pero ha continuado avanzando gracias a la dedicación de numerosos artesanos y la financiación de donaciones privadas y entradas de visitantes.

Una de las características más impresionantes de la Sagrada Familia es su diseño interior, que imita un bosque con columnas que se asemejan a troncos de árboles y ramas que se abren hacia el techo. La luz natural entra a través de vitrales de colores, creando un ambiente espiritual y etéreo que cambia a lo largo del día.

La obra inacabada de la Sagrada Familia no solo representa la grandiosidad de la visión de Gaudí, sino también la idea de que la verdadera belleza y el significado pueden encontrarse en el proceso continuo de creación y construcción. La combinación de las partes terminadas y las áreas en construcción, con andamios y trabajadores visibles, simboliza esta perpetua dedicación a la fe y al arte.

La próxima vez que observes la Sagrada Familia, tómate un momento para apreciar no solo la belleza y la complejidad de sus elementos terminados, sino también el esfuerzo y la dedicación que continúan transformando este monumento en un testimonio vivo de la creatividad humana y la devoción espiritual.

Curiosidad 41: Los Mensajes Ocultos en Las Obras de Diego Velázquez

Diego Velázquez, uno de los grandes maestros del Siglo de Oro español, es famoso por sus retratos y escenas de la vida cotidiana que capturan la complejidad y la profundidad de sus sujetos.

Sin embargo, más allá de su habilidad técnica, muchas de sus obras contienen mensajes sutiles y simbólicos que revelan más de lo que aparentan a primera vista.

Una de las obras más estudiadas de Velázquez es "Las Meninas" (1656). Esta pintura no solo es un retrato de la Infanta Margarita Teresa y sus damas de honor, sino también una exploración de la relación entre el espectador y la obra de arte. Velázquez se incluye a sí mismo en la escena, pintando en un gran lienzo, mientras que un espejo en el fondo refleja a los reyes Felipe IV y Mariana de Austria, que no están presentes físicamente en la habitación. Este juego de reflejos y perspectivas ha llevado a muchas interpretaciones sobre la naturaleza del arte y la percepción.

En "El Triunfo de Baco" (1628-1629), también conocido como "Los Borrachos", Velázquez presenta a Baco, el dios del vino, coronando a un campesino borracho con una corona de hojas de vid. La mezcla de personajes mitológicos y figuras cotidianas puede interpretarse como un comentario sobre la transitoriedad del placer y la alegría mundana, así como una reflexión sobre la naturaleza humana y la búsqueda de la felicidad.

Otro ejemplo es "La rendición de Breda" (1634-1635), también conocido como "Las Lanzas". Esta pintura histórica representa la entrega de la ciudad de Breda a las tropas españolas. Más allá de su precisión histórica, la obra transmite un mensaje de magnanimidad y respeto entre vencedores y vencidos. El gesto de rendición, con la entrega de las llaves de la ciudad, simboliza la dignidad y el honor en la guerra, temas recurrentes en el arte de Velázquez.

Además de estos ejemplos, Velázquez a menudo utilizaba detalles sutiles en sus retratos para transmitir información sobre la personalidad y el estatus de sus sujetos. En sus retratos reales, la riqueza y complejidad de los trajes, así como la disposición de los objetos en el fondo, a menudo aluden al poder y la influencia de los retratados.

La próxima vez que observes una pintura de Velázquez, tómate un momento para buscar los detalles y símbolos que pueden revelar capas más profundas de significado. Sus obras no solo son ejemplos de maestría técnica, sino también de una profunda comprensión de la condición humana y el poder del arte para comunicar mensajes complejos y matizados.

Curiosidad 42: El Simbolismo en Las Obras de Miró

Joan Miró, uno de los más destacados artistas surrealistas del siglo XX, es conocido por su uso innovador del color y la forma, así como por los ricos simbolismos presentes en sus obras. Su estilo característico, que combina elementos abstractos con imágenes oníricas y simbólicas, crea un lenguaje visual único y evocador.

Miró a menudo incorporaba una variedad de símbolos recurrentes en sus pinturas, cada uno cargado de significados personales y universales. Entre estos símbolos, destacan las estrellas y las lunas, que reflejan su fascinación por el cosmos y el infinito. Estas formas celestiales a menudo aparecen flotando en un espacio abstracto, sugiriendo un mundo más allá de lo terrenal y lo cotidiano.

Los pájaros también son un motivo frecuente en el arte de Miró. Representan la libertad y la imaginación, elevándose más allá de las limitaciones del mundo físico. En muchas de sus obras, los pájaros están acompañados de mujeres, que simbolizan la fertilidad, la vida y la conexión con la naturaleza. Estas figuras femeninas, a menudo estilizadas y abstractas, añaden una dimensión de humanidad y emoción a sus composiciones.

El uso de colores vibrantes y formas juguetonas es otra característica distintiva de Miró. Los tonos vivos de rojo, azul, amarillo y verde no solo captan la atención del espectador, sino que también evocan emociones y estados de ánimo específicos. La simplicidad de las formas, combinada con la complejidad del significado, crea una tensión dinámica en sus pinturas, haciendo que el ojo del espectador se mueva constantemente por la composición.

Miró también utilizaba líneas y puntos para crear un sentido de movimiento y energía en sus obras. Estos elementos aparentemente simples se organizan en patrones que sugieren danza, música y ritmo, añadiendo una cualidad casi mágica a sus pinturas.

La próxima vez que observes una pintura de Miró, tómate un momento para explorar los símbolos y formas que utiliza. Cada elemento en sus obras está cuidadosamente elegido para evocar una reacción emocional y llevar al espectador a un viaje a través del mundo de los sueños y la imaginación. Las obras de Miró nos invitan a ver más allá de la superficie y a descubrir un universo lleno de significado y creatividad lúdica.

Curiosidad 43: La Historia de La Escultura de El Pensador de Rodin

"El Pensador" es una de las esculturas más reconocidas y admiradas del escultor francés Auguste Rodin. Originalmente concebida como parte de un proyecto mucho más grande, "La Puerta del Infierno", esta escultura ha capturado la imaginación del público desde su creación.

Rodin comenzó a trabajar en "La Puerta del Infierno" en 1880, una monumental obra encargada para un nuevo museo de artes decorativas en París. Inspirada en "La Divina Comedia" de Dante Alighieri, "La Puerta del Infierno" debía representar escenas del Infierno y estaba destinada a ser la entrada al museo. Aunque el proyecto nunca se completó, muchas de las figuras que Rodin creó para esta obra se convirtieron en esculturas independientes, entre ellas "El Pensador".

Inicialmente, "El Pensador" era conocido como "El Poeta" y representaba a Dante Alighieri reflexionando sobre su obra, mientras observaba las escenas del Infierno bajo sus pies. La figura, con su postura característica de contemplación profunda, rápidamente tomó vida propia y comenzó a ser vista como un símbolo universal del pensamiento y la meditación filosófica.

La escultura muestra a un hombre sentado, con el codo derecho apoyado en su rodilla izquierda y la mano derecha sosteniendo su barbilla. Esta pose, que refleja una intensa introspección, ha sido interpretada de diversas maneras: como un símbolo del poder del intelecto, la lucha interna del hombre o la contemplación de los dilemas existenciales.

"El Pensador" fue presentada por primera vez como una escultura independiente en 1904 y desde entonces ha sido reproducida en múltiples tamaños y materiales. Se han creado numerosas versiones, y muchas de ellas se encuentran en museos y espacios públicos alrededor del mundo, lo que ha ayudado a cementar su estatus como una de las obras de arte más icónicas de todos los tiempos.

Rodin trabajó meticulosamente en los detalles anatómicos y la expresión de "El Pensador", capturando la tensión y la fuerza en cada músculo y tendón. Esta atención al detalle no solo muestra la maestría técnica de Rodin, sino que también añade una profundidad emocional y psicológica a la obra.

La próxima vez que observes "El Pensador", tómate un momento para considerar no solo la habilidad técnica de Rodin, sino también los profundos temas filosóficos y emocionales que esta escultura evoca. "El Pensador" no es solo una obra de arte, sino también un símbolo de la contemplación humana y la búsqueda del conocimiento.

Curiosidad 44: La Simbología en Las Obras de Sandro Botticelli

Sandro Botticelli, uno de los maestros más renombrados del Renacimiento italiano, es conocido por sus exquisitas pinturas que están impregnadas de simbolismo y significado alegórico.

Sus obras más famosas, como "El nacimiento de Venus" y "Primavera", son ejemplos brillantes de cómo Botticelli utilizaba símbolos para comunicar ideas sobre la belleza, el amor y la mitología.

En "El nacimiento de Venus", Botticelli representa a Venus, la diosa romana del amor y la belleza, emergiendo de una concha sobre las olas del mar. La figura de Venus, con su pose grácil y serena, simboliza la pureza y la perfección divina. Los vientos, representados por las figuras a su izquierda, soplan suavemente, guiando a Venus hacia la orilla, mientras una de las Horas, diosa de las estaciones, espera para cubrirla con un manto floral. Esta escena no solo celebra la belleza física, sino que también sugiere el nacimiento del ideal platónico de la belleza espiritual y el amor.

En "Primavera", Botticelli presenta una compleja alegoría de la primavera y el renacimiento. La escena está llena de figuras mitológicas y elementos simbólicos. En el centro, Venus preside un jardín lleno de flores, simbolizando la fertilidad y la abundancia. A su derecha, la figura de Flora, la diosa de las flores, es una encarnación de la primavera misma, mientras que a la izquierda, las Tres Gracias representan la belleza, el encanto y la creatividad. El dios Mercurio, con su caduceo, disipa las nubes, simbolizando la llegada de la primavera y la renovación de la vida.

Las flores en "Primavera" también tienen un significado simbólico. Botticelli incluyó más de 500 especies diferentes de plantas y flores, cada una con su propio simbolismo en la iconografía renacentista. Las rosas, por ejemplo, están asociadas con el amor y la belleza, mientras que las violetas simbolizan la humildad y la modestia.

La utilización del color en las obras de Botticelli también está llena de simbolismo. Los tonos dorados y cálidos a menudo se asocian con la luz divina y la pureza, mientras que los tonos más oscuros pueden sugerir la profundidad emocional y el misterio.

La próxima vez que observes una pintura de Botticelli, tómate un momento para explorar los muchos símbolos y referencias que enriquecen sus obras. Cada figura, flor y color en sus pinturas está cuidadosamente seleccionado para comunicar una historia más profunda y para invitar al espectador a una contemplación más rica y significativa.

Curiosidad 45: La Influencia de La Filosofía en Las Obras de Goya

Francisco Goya, uno de los pintores más importantes del arte español, es conocido no solo por su habilidad técnica, sino también por la profundidad filosófica y emocional de sus obras.

A lo largo de su carrera, Goya exploró temas como la razón, la injusticia, y la naturaleza humana, influenciado por las corrientes filosóficas de la Ilustración y su propia experiencia en una época turbulenta de la historia española.

Uno de los ejemplos más claros de la influencia de la filosofía en el arte de Goya es su serie de grabados "Los Caprichos" (1799). En particular, la lámina número 43, "El sueño de la razón produce monstruos", muestra a un hombre dormido sobre un escritorio, rodeado de criaturas fantasmagóricas y monstruosas. Esta imagen es una poderosa alegoría de la Ilustración: cuando la razón duerme, los monstruos de la irracionalidad y la superstición emergen. Este grabado refleja las preocupaciones de Goya sobre el abandono de la razón y el regreso a la ignorancia y la barbarie.

Otra obra icónica es "El 3 de mayo de 1808", que representa la ejecución de patriotas españoles por las tropas napoleónicas. Esta pintura no solo documenta un evento histórico, sino que también sirve como una meditación sobre la brutalidad y la injusticia. La figura central, con los brazos extendidos, recuerda a Cristo crucificado, sugiriendo la idea del sacrificio y la inocencia. Goya utiliza el contraste entre la luz y la oscuridad para destacar la humanidad de las víctimas y la inhumanidad de los verdugos, ofreciendo una reflexión filosófica sobre la guerra y la violencia.

En sus "Pinturas negras", Goya aborda temas aún más oscuros y profundos, explorando la naturaleza del mal y la desesperación humana. Estas obras, realizadas en los últimos años de su vida, están llenas de imágenes perturbadoras y simbólicas. "Saturno devorando a su hijo", por ejemplo, es una representación brutal del mito clásico que también puede interpretarse como una alegoría de la autodestrucción y el paso inexorable del tiempo.

La influencia de la filosofía en las obras de Goya se manifiesta no solo en los temas que elige, sino también en la manera en que los representa. Sus obras invitan al espectador a una profunda introspección y a cuestionar la naturaleza de la realidad, la moralidad y la condición humana.

La próxima vez que observes una pintura de Goya, tómate un momento para considerar los múltiples niveles de significado y la profunda reflexión filosófica que subyacen en su obra. Goya no solo documenta su tiempo, sino que también nos invita a contemplar las preguntas eternas sobre la naturaleza humana y la sociedad.

Curiosidad 46: La Influencia de La Alquimia en Las Obras de Da Vinci

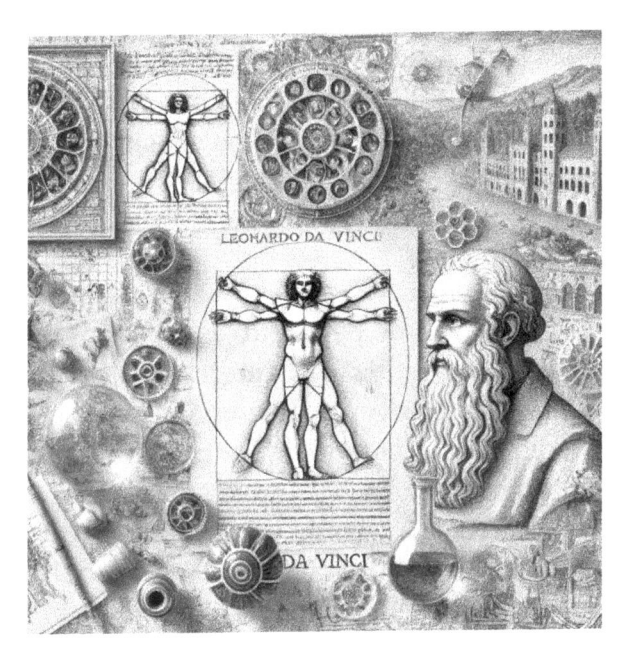

Leonardo da Vinci, una de las mentes más brillantes del Renacimiento, es conocido por su extraordinaria habilidad para fusionar el arte y la ciencia.

Entre sus múltiples intereses, la alquimia jugó un papel significativo, influyendo en su enfoque hacia la exploración del mundo natural y la búsqueda del conocimiento.

La alquimia, una antigua práctica proto-científica que combinaba elementos de la química, la medicina, la astrología y la filosofía, buscaba la transmutación de materiales comunes en metales preciosos, así como la creación de la piedra filosofal, que se creía podía conferir inmortalidad. Para Da Vinci, la alquimia no era simplemente una búsqueda de riqueza material, sino una forma de comprender y manipular las fuerzas naturales y la materia misma.

Los cuadernos de Leonardo están llenos de dibujos y notas que reflejan su interés por los principios alquímicos. Sus estudios anatómicos, por ejemplo, no solo buscan entender la estructura y función del cuerpo humano, sino también explorar el concepto de la microcosmos, una idea alquímica que sugiere que el cuerpo humano es un reflejo del universo entero. En sus detallados dibujos anatómicos, podemos ver esta conexión entre el macrocosmos y el microcosmos, con cada órgano y sistema representado con una precisión casi mística.

Además, las invenciones mecánicas de Da Vinci también muestran una influencia alquímica. Sus diseños de máquinas y dispositivos no solo eran soluciones prácticas a problemas técnicos, sino también intentos de replicar y controlar los procesos naturales. La búsqueda de Leonardo por el movimiento perpetuo y sus estudios sobre la energía y la dinámica reflejan la alquimia en su intento de comprender y utilizar las fuerzas invisibles de la naturaleza.

Leonardo también incorporó símbolos y motivos alquímicos en sus obras de arte. En sus pinturas, los elementos naturales como el agua, el aire, el fuego y la tierra no solo sirven como fondo, sino que también tienen un significado simbólico profundo. Por ejemplo, en "La Virgen de las Rocas", el uso del paisaje rocoso y la cueva oscura puede interpretarse como una alusión al proceso alquímico de transformación y purificación.

La próxima vez que observes una obra de Da Vinci o sus estudios científicos, considera cómo su fascinación por la alquimia influyó en su visión del mundo. Para Leonardo, el arte y la ciencia no eran disciplinas separadas, sino partes de una misma búsqueda para desentrañar los misterios del universo y la naturaleza humana.

Descargo de Responsabilidad

Este libro ha sido creado con el propósito de entretener, educar y proporcionar información interesante sobre la historia del arte. Aunque se ha hecho un esfuerzo considerable para asegurar la precisión de los hechos presentados, algunos detalles históricos o interpretaciones artísticas pueden variar según las fuentes consultadas y la evolución del conocimiento académico.

El contenido de este libro no pretende ser un análisis exhaustivo ni una referencia definitiva sobre los temas abordados. Las curiosidades aquí expuestas están basadas en investigaciones disponibles hasta el momento de su redacción, pero no se garantiza que toda la información esté completamente actualizada o libre de errores.

El autor no se hace responsable por ninguna acción tomada por los lectores basada en la información contenida en este libro. Se recomienda a los lectores que consulten fuentes adicionales si desean profundizar en los temas presentados.

Las imágenes y descripciones incluidas tienen fines ilustrativos y no deben considerarse como reproducciones exactas de las obras mencionadas. Cualquier semejanza con obras de arte protegidas por derechos de autor es puramente incidental.

Este libro está destinado a un público general, incluyendo niños, con la intención de fomentar la curiosidad y el aprendizaje, manteniendo siempre un enfoque respetuoso y educativo.

Milton Keynes UK
Ingram Content Group UK Ltd.
UKHW022003131124
451149UK00013B/988

9 798227 490346